言葉にする習慣

思いがまとまる・伝わる
「言語化力」の身につけ方

コピーライター
さわらぎ寛子

この本は、ペンを持ちながら読んでください。

はじめに

「うまく言葉にできない」と感じることはありますか？

・会議などで意見を聞かれたとき、言葉に詰まってしまう。何となく答えてみても、「本当に言いたいこと」が言えている気がしない。
・企画書や提案書を書くとき、ぼんやりしたイメージしか浮かばない。聞いたことのある内容や、検索して出てきた言葉をなんとなく並べている。
・面白かった、感動したことを伝えたいのに、「ヤバい」しか出てこない。
・自分の話が、なんだか浅いと感じるときがある。気の利いたことを言おうとすると、的外れなことを口走ってしまう。
・周りの意見を確認してから、それに合わせて発言することが多い。
・話を必死に伝えても伝わっていない気がする。相手から理解を得られない。

これは、そんなあなたのための本です。

◎借り物の言葉では、相手の心に何も残らない

少しでもわからないことは、すぐに検索して調べるという人が多いのではないでしょうか。

ネットやSNSで人の意見を調べれば、「自分の考え」「自分の思い」にじっくり向き合うこともなく、「なんとなく正しそうな、それっぽい意見」は簡単に作れます。

企画を考えるときも、会議での発言も「どういうのが正解なんだろう」と検索したり、生成ＡＩに聞いたりすれば、「正解っぽいもの」はすぐにわかります。

でも、それって、「あなたが言う意味」のある言葉でしょうか。

ネットの「誰か」の意見を自分が考えたように言ったり、ステキ発言に影響されたり。

「周りがこう言っているから」を「自分がどう思うか」よりも優先させることが当た

り前になっていませんか。

でも、本当は、自分だって、自分の思いを、自分の言葉で伝えられるようになりたい。

そう思う人は多いです。でもその方法がわからない。

こんにちは。

著者のさわらぎ寛子です。

私はコピーライターとして、企業の広告に使う言葉を作ったり、起業・副業をしている人たち向けにゼロから仕事を作る講座をしたりしています。

24年間で、30，000件以上のコピーを書いてきました。

最近では、大学の授業や新入社員研修で、若い人たちと「自分のキャッチコピー」を作るワークショップもしています。

ワークショップで感じるのは、「どこかで聞いたことのある綺麗なフレーズ」を作る人が多いな、ということです。

こう言えばカッコいい、こう書けば伝わりやすい、インパクトのある言葉になる、そういう「仕上げ」が上手い人は多いです。

でも、形よくまとまっているだけの言葉は、誰の心にも残りません。
パッケージだけが綺麗なプレゼントのように、中身がないのです。

うまくまとめたり、カッコよく書いたりと、それっぽい形にする前に、「自分が何を思っているか」「何を伝えたいか」がないと、相手の心には何も残りません。

◎文章の書き方や伝え方の本では、「自分の思い」は見つからない

文章の書き方や伝え方、言語化力を上げる本は、たくさんあります。
それらの本は、「自分が何を伝えたいのか＝自分の思いや考え」が言葉にできていることを前提に書かれています。
だから、「うまくまとめる」にはどうしたらいいか、の話になっています。

でも、多くの人が、そもそも「どうやって自分の思いを言葉にするのか」を知らな

いのです。

自分の思いではなく、なんとなくどこかから引っ張ってきたような言葉を、「こう書けばうまくまとまる」「こう書けば伝わる」というテンプレートに当てはめることはできます。

でも、自分の言葉ではない、借り物の言葉でいくらうまくまとめても、それで自分の思いが伝わることはありません。

「どう伝えるか」の前に、「自分の思いを知る」「自分の思いを言葉にする」の２段階が必要なのです。

ネットでいくら検索しても、うまくまとめる方法を身につけても、「自分の思い」は見つかりません。

あなたが何を思い、何を感じ、何を伝えたいかは、あなた自身が言葉にするしかないのです。

この本は、「一般的にどう言われているか」「過去にどういう意見があったか」をうまくまとめるための本ではありません。

「今、自分が何を思っているか」「自分の意見はどうなのか」を伝えられる人になるための本です。

◎「自分らしい言葉」とはなにか

言葉は、もともとあるものです。

なのに、言葉の使い方が、「その人らしいな」と感じる人と、「どこかで聞いたような話だ」と感じる人がいます。

その違いはなんでしょうか。

答えは、

「その人なりのものの見方」があるか、

「**その人らしい言葉選び**」と結びついているか、の2点です。

もともとあるデータを上手に加工して、わかりやすくまとめるだけなら、いまやAIの方が得意です。

この人の話を聞きたい、この人の文章を読んでみたい、と思われるには「自分なりのものの見方」をつくり、それを「あなたらしいね」と相手が感じるような言葉にしていく必要があります。

◎「できる」のは、「習慣」になっているから

私は、ほぼ毎日、SNSに自分の考えや思ったことを発信しています。

なぜできるかと言うと、習慣になっているからです。

誰かと話しているときは、キーワードをメモする習慣があります。

メモできるものが、手元にないと落ち着かないのです。

人の話を聞いて、ここが肝だと感じたことや、個人的に気になったワードをメモしたり、相手の話を聞きながら図や絵を描いたりすることも、癖のようにやっています。

これを続けていると、話の「肝＝中心点」が掴めるようになってきます。

さらに、書き出したワードを線でつないだり、丸で囲んだりしているうちに話をわかりやすく整理することができるようになりました。


また、自分が登場しない、発言権がない場面でも、「私だったらこう言うなぁ」「私だったらこうするのになぁ」ということをよく考えています。

常に、頭の中を言葉にするのが習慣になっています。


「講座や研修で、スラスラ話せるのがすごいですね」

「いきなり話を振られても、さっと返せるのが羨ましい」

「どうやって、毎日ブログ書いているんですか」

とよく質問されますが、なぜできるかと言うと、自分の打席が回ってくるかどうかわからなくても、ネクストバッターズサークル（次の打者が待機するスペース）にいるような気持ちで過ごしているからです。

たとえば、先輩のプレゼンを見て「すごいなぁ」と感じたなら、自分だったらどうするかを考えてみてください。

リアルに想像して準備をしていると、いざ自分のターンが回ってきたときもスッと言葉が出てきます。

受け身でいるのは、ラクちんです。

努力しなくてもいいし、傷つくこともない。

でも、いつも誰かの意見を聞く側、誰かの思いを受け取る側でいるうちは、「自分の言葉」が出てくることはないのです。

習慣というと、何だか難しそうですが、たとえば、朝仕事を始める前にデスクを軽く拭くとか、バスを降りる際に運転手さんに「ありがとう」と言う、みたいな些細なことです。

やりはじめると、当たり前のように体が動くようになる。

そして、それをやる前の自分と、習慣化した後の自分は、少しずつ、でも確実に変わっていきます。

◎仕事ができる人は、「未来を想像して言葉にできる人」

ビジネスのシーンでは、「自分が今やっていること」「自分が今売っている（作っている）商品やサービス」の未来をどこまで想像できるか、それを言葉にして伝えられるか、が大事になってきます。

たとえば、商店街で豆腐屋さんを営んでいるとします。

その商店街に来る人が少なくなり、近くのスーパーよりも価格が高い豆腐は、なかなか売れません。

このとき考えるのは、豆腐をどう売るか、価格をどうするか、ではありません。豆腐を買ってくれる人のその先の未来を想像するのです。

たとえば、平日の夕方、3歳ぐらいの男の子を連れたお父さんが、豆腐を買ってくれたとしましょう。スーツのまま自転車に乗って、急いで帰って行きました。

・もしかしたら、ママが仕事で帰ってくる前にパパと子どもで晩ご飯を作るのかもしれない。だとしたら、豆腐を使った、子どもも喜ぶ簡単なレシピを店頭に置いておいたらいいのではないか。

・もしかしたら、休日に、豆乳から豆腐を作る体験を子どもとできたら喜んでくれるかもしれない。夏休みにそういう企画を店頭でやってみようか。

・忙しい、時間がない、でも子どもには体にいいものを食べさせたい、だけど料理の腕には自信がない、そんなふうに感じている世のパパ・ママたちには、どんな言葉で豆腐の魅力を伝えれば届くだろうか。

想像していくと、
どこで何をどう売るか、
どんな言葉をどこで伝えるかも、
見えてきます。

もちろん、お客様は、「忙しいパパ・ママ」だけではありません。
一人暮らしの大学生も、
固いものを食べるのが煩わしくなってきた高齢の方も、
ダイエットのために糖質が気になっている人も、
肌荒れやホルモンバランスが気になるお年頃の人も、

いろんな人がいるでしょう。

いろんな人が、どんな日常の中で「豆腐」を買ってくれるのか。
その人たちはどんなふうに幸せになれるのか。

相手の状況を観察する。
その人たちの未来を想像する。
想像したシーンを言葉にする。
言葉にして伝える。

その繰り返しが、「伝わる言葉」を作る習慣です。

◎ この本の読み方・使い方

この本では、どうして言葉にすることができないのかを分析した後、

・第1部　思い・考えをまとめる習慣
・第2部　相手に伝える習慣
という2部構成で進めていきます。

「習慣」とは、繰り返し行うことで、自然とできるようになる過程のこと。
無理をしなくても、日々のちょっとした心がけで言語化脳を鍛えることができます。
「自分らしい言葉がポンポン出てくる人」になるために今日からできることを書きました。

第1部・第2部の、すべてのトピックに「ワーク」をつけています。
全部でなくていいので、どれか1つでも2つでも実際に手や口や体を動かしてやってみてください。

日々の中で、ちょっと意識するだけで、自分が何を考えているのかを言葉にできるようになり、さらにそれを「相手に伝わる言葉」に変えられるようになります。

そして、**ぜひペンを持ちながら読んでください。**

読みながら、「なんか気になる」「これは知らなかった」「後からもう一度読み返したい」と思ったところに線を引いてください。

そして、なぜ、そこが気になったのかを考えてみてください。

それは違う、なんかよくわからない、と思ったら、そこに線を引いてください。

そして、「自分ならどう考えるか」を書き出してみてください。

もっといい例えがあるんじゃない、と思ったら、もっといい例えを考えてみてください。

もっといい表現があるのでは、と思ったら、もっといい言葉に書き換えてください。

言葉にする習慣は、「心が動いた」「引っかかった」「違和感を持った」「モヤモヤする」など自分の感情や感覚に敏感になり、自分の思いや考えを、書いたり話したりすることです。

いきなりうまく書こうとしなくて、OK。

ペンがない人は、とにかくブツブツ口に出してみてください。

この本を読みながら、あなたは、自分の思いや考えを、言葉にできるようになっていきます。

それは、この本を叩き台にして、自分の意見を作っていくから。

「ああそうか」「それはないな」「どういうこと？」とどんどんツッコミを入れてください。

そのとき感じた自分の思いを、自分なりの意見を、ぜひメモしてみてください。

自分の思いが、他の誰でもない、自分らしい言葉で伝えられるようになると、仕事で評価が上がったり、誤解やすれ違いが減って人間関係がよくなったりするだけでなく、いろいろな人とつながれるようにもなります。

人は、自分が思っていることを、うまく言葉にできないものです。

だからこそ、言葉にできなかった思いを、言葉にしてくれる人に、共感し、信頼が生まれます。

頭の中で、浮かんでは消えていく、自分でも見たことのなかった言葉のかけらが、言葉にできたら、どんな世界が広がっているのか。

楽しみながら始めましょう。

さわらぎ寛子

目次

言葉にする習慣

思いがまとまる・伝わる「言語化力」の身につけ方

目次　『言葉にする習慣　思いがまとまる・伝わる「言語化力」の身につけ方』

第1部 思い・考えをまとめる習慣

第1章 思いを言葉にする

第2章 意見を作る

第3章 視点を育てる

第2部 相手に伝える習慣

第1章 伝わる言葉を作る

第2章 惹かれる話を組み立てる

終章 言葉にする先にある宝物

序章

借り物ではなく、自分の言葉を見つける

「伝え方」の前に「伝えたい」がないと言葉にできない

「はじめに」で触れたように、伝え方や文章の書き方、話し方の本を読んだだけでは、言葉にする力をつけることはできません。

それは、**「伝え方」の前に、「自分が何を言いたいか＝自分の思いや考え」を自分で把握していないからです。**

「伝えたい」という意思がないまま、何かをまとめただけのものは、人の気持ちに刺さらないのです。

◎「独自の視点で意見が言える人」が仕事で評価される

私は、企業研修で、あらゆる業界・業種のビジネスパーソンの方々とキャッチコピーを作るワークをしています。

「こう書けば売れる」「このフレーズを使えばクリックされる」という型に当てはめてコピーを書くのは簡単です。

でも、「何を言うか」がはっきりしていないまま、ネットで拾ったよさげな言葉をテンプレートに当てはめただけのコピーでは、お客様にとってその会社やブランドを選ぶ理由が伝わりません。

短期的に商品が売れたとしても、すぐ飽きられたり、より安く便利なものがあれば乗り換えられたりしてしまいます。

必要なのは、カッコいい言葉を並べることではなく、どんな視点で、何を言うかを考えることです。

商品企画やセールス、会議なども同じです。

企画書のテンプレートは見栄えのいいものがたくさんあります。それに当てはめれば、すぐにそれっぽい企画は作れますが、「何を言うか」を決めずに、「どう言うか」「どう見せるか」だけで作った企画で、人の気持ちが動くことはありません。

話し方のお手本通りに澱みなく話しても、細部の言い回しにこだわってみても、それで信頼を得ることはないのです。

◎「うまく伝えられない」には、3つのパターンがある

「うまく伝えられない（言葉にできない）」は、次の3つに分けられます。

・伝えたいことがない（思いつかない）
・伝えたいことは何となくあるが、自分でも何が言いたいか、よくわからない
・伝えたいことが自分では明確だが、相手に伝わる言葉になっていない

あなたは、どれに近い気がしますか？

この本では、まず第1部で「伝えたいこと」を見つけ、それを「自分の中で、何が言いたいかをはっきりさせる＝思いや考えを作る」習慣をお伝えしていきます。

その上で、第2部で、「相手に伝わる言葉に変換」していきます。

伝えたいことが自分の中では明確に言葉にできている、と思っている方は、第2部から読んでいただいても構いません。

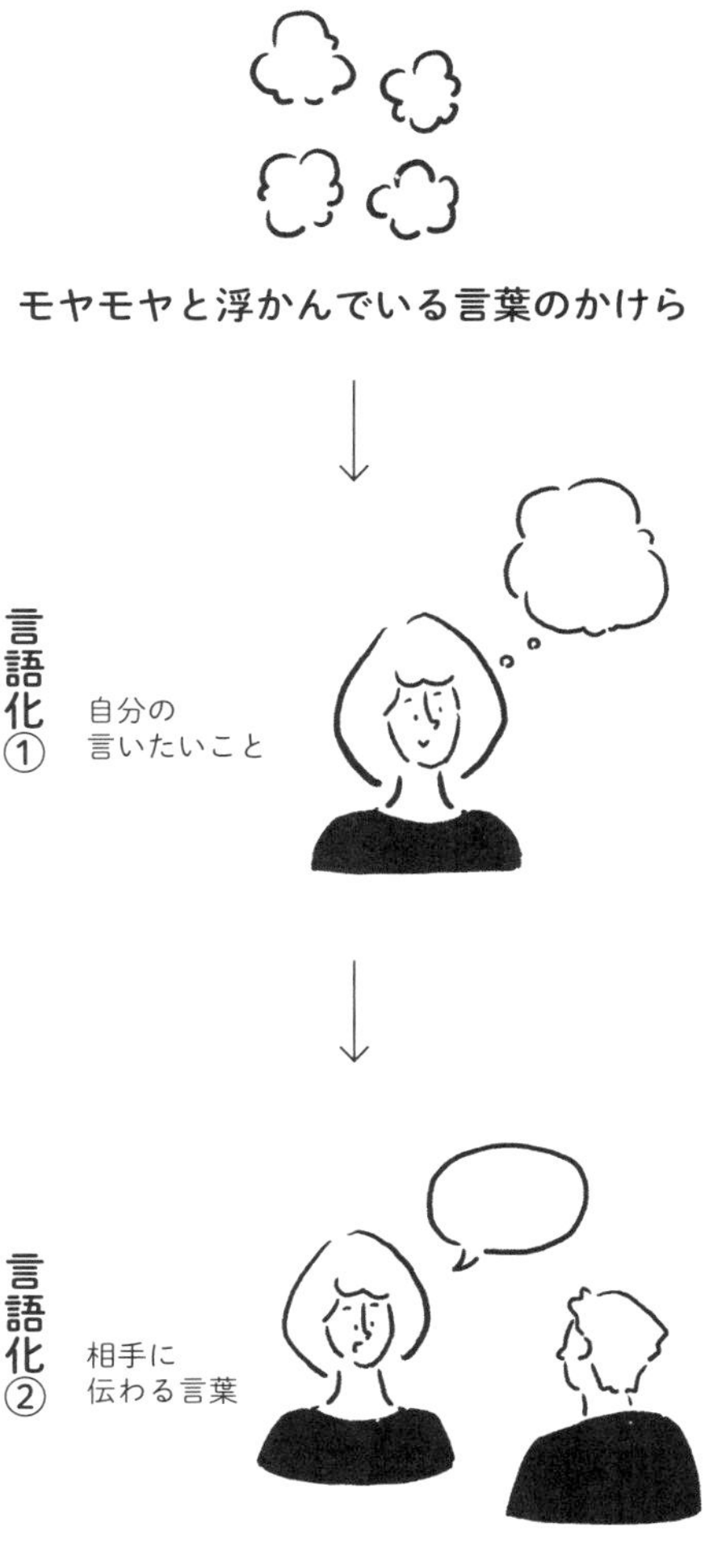

うまく言葉にできないの「うまく」とは何か

うまく言葉にできない、と悩むときに、まず考えたいのが「うまく」とは何かです。ゴールが曖昧だと、ずっと「うまく言葉にできない」と悩んでしまいます。

「うまく言葉にできない」と感じるシーンを、いくつか見てみましょう。

〈仕事の場面〉

●プレゼンテーションや商談

自分のアイデアや計画を、うまく伝えられない。

とくに新しいコンセプトや複雑な戦略を説明しようとすると言葉が出てこない。

準備段階から悩み、本番では想定外の質問をされて撃沈……。

●会議やミーティング

意見や提案を的確に表現できない。「結局、何が言いたいの?」と言われてしまう。

●**企画書**

何から書いたらいいかわからない、長くなりすぎて何が言いたいのか不明など、言葉がうまくまとまらない。

●**チームコミュニケーション**

チームメンバーとの意見の違いや誤解を解消するためのコミュニケーションがうまくいかない。とくに、世代や専門分野が違うメンバーだとわかりあうのが難しい。

〈プライベートの場面〉

●**人間関係の問題**

誤解やすれ違いを解消したいけど、自分の感情や考えが相手にうまく伝えられない。かえって怒らせてしまうこともある。

●**趣味や関心の共有**

趣味や関心を人に伝えるとき、「ヤバい」「すごい」しか言えない。魅力を熱く語っても、相手にポカンとされてしまう。

どうでしょうか。
どれも「言葉にできない」という共通点があるものの、状況はバラバラですよね。
どうなれば「うまく言葉にできた」と思えるのかというゴールもそれぞれです。

◎うまく言葉にできないときに考えたいポイント

ひとことで「言葉にする」といっても、親しい人にかける言葉と、プレゼンで使う言葉は違います。
つまり、**うまく言葉にできるの「うまく」は、状況と相手によって変わるのです。**

うまく言葉にできない、と感じたときは、まず「目的」と「ゴール」を整理してみましょう。

たとえば、「会議で意見が言えない」という場合。
その会議の目的はなんでしょうか。

会議の目的が、「新商品の販売方法を決める」だったとします。

だとしたら、会議のゴールは、「活発に意見が出て、販売方法と各担当者が決定していること」のように考えられます。

会議のゴールが、「活発な意見交換」であるならば、自分一人でがんばって「すごい意見を言う」必要はないのです。

会議自体の目的とは関係なく、自分が勝手に「できる奴だと思われたい」「バカにされたくない」「同僚よりもいい意見を出したい」といった欲を持っていると、どうなるでしょう。

「言葉にする」には、いろんな種類がある

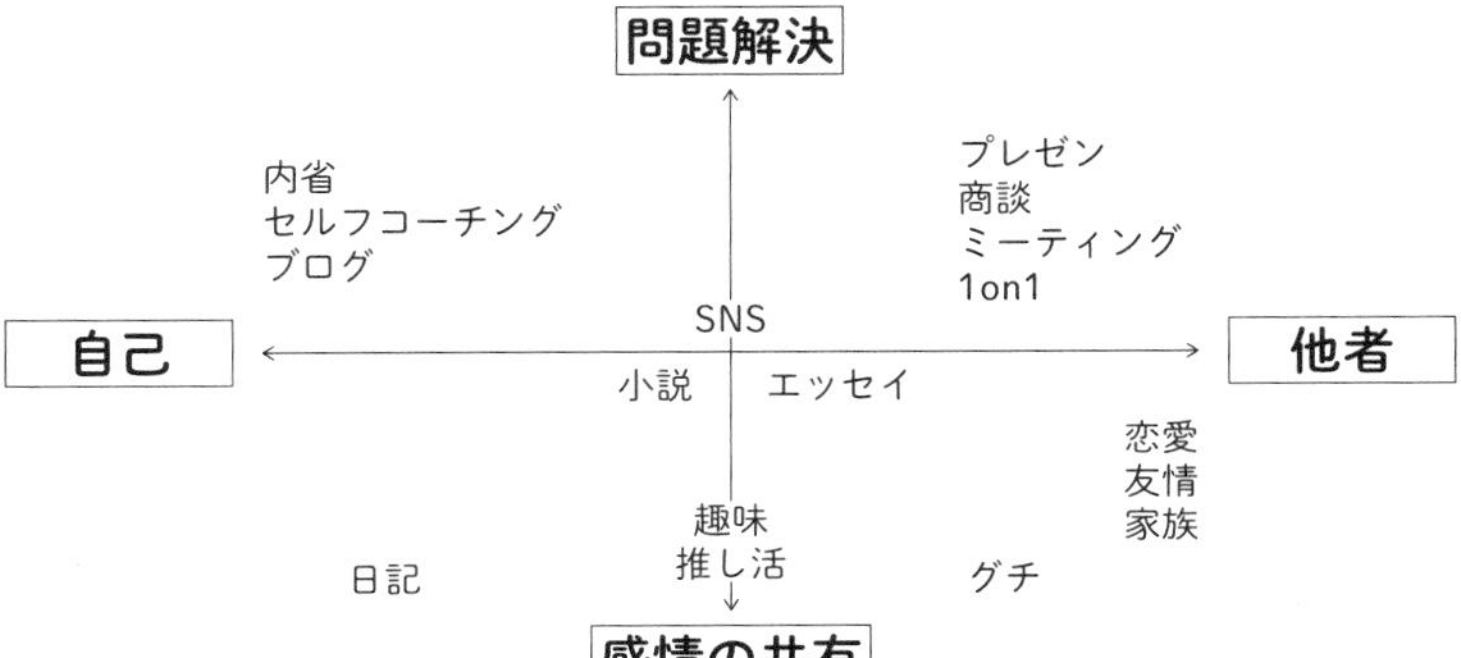

本来の目的とはズレた「自分が目立つため、評価をもらうための意見」になってしまいます。

「いいことを言わなきゃ」と気負わずに、「みんなの意見が出やすくなるようなきっかけであればいい」と捉えると、意見を言うのも楽になります。

◎ゴールは共感？　行動？

ゴールは、「共感」と「行動」に分けられることが多いです。

たとえば、忙しくて会う時間が減ってきたパートナーに、自分の気持ちを言葉にして伝えたいとき。

ゴールは、「私の気持ちをわかってもらう（共感）」でしょうか。

それとも「相手にもっと時間を作るよう行動してもらう（行動）」でしょうか。

どちらなのかによって、使う言葉や伝え方も変わってきます。

同じように、友達や職場の仲間に「最近あったこと」を話すとき。ゴールが「ただ、自分の気持ちをわかってほしい（共感）」なのか「この話を聞いた後に、相手に行動を変えてほしい（行動）」なのかによって、何をどう伝えるかは変わります。

もし目的が「ただの時間潰し」なら、話の内容はなんでもいいし、共感も行動も求めなくていいですよね。

うまく言葉にできていなくても、なんとなく、言葉のやり取りが続くだけでいいし、もしかしたら、無理して話さない方がいいなんてこともあるかもしれません。

自分の中でゴールの種類がわかると、すれ違うことも減っていきます。

伝えたいことには2種類ある

「言いたいこと」「伝えたいこと」には、大きく分けて2種類あります。

1つめが「意見・考え」、
2つめが「感想・思い」です。

それぞれを具体的に見てみましょう。

・意見・考え

客観的な事実や証拠に基づいていることが多い。情報提供、理解を深める、説得などのシーンで用いられる。論理的。ロジカル。

・感想・思い

主観的。個人の感情、経験、直感に根ざしている。個人的な対話や、感情の共感を求めるシーンで用いられる。感情的。エモーショナル。

「言いたいことがまとまらない」「うまく伝えられない」と悩むとき、今、この場面では、どちらを求められているかをまず判断することが大事です。

◎「今、ここ」で、求められているのは、意見？　思い？

たとえば、会議やプレゼン、議論の場では、「意見や考え」が求められることが多く、雑談などでは「感想や思い」が適しています。

単に映画の感想を言っているだけなのに、「その根拠は？」なんて聞かれたり、疲れた気持ちをわかってほしくてＬＩＮＥしたのに「そんなこと言っても何も解決しないよ」とバッサリ返されて落ち込む、なんてことは、この2種類が混ざってしまって起こるコミュニケーションのズレです。

最近は、「客観的な意見の方が正しくて、個人の主観には意味がない」という風潮を感じることもあります。

「私の個人的な思いなんて誰も知りたくないのでは」という気持ちになることもあるかもしれません。

しかし、**他でもない私の「個人的な思い」こそ、求められる場面もよくあります。**

商品開発やマーケティングの世界では、客観的な根拠やデータよりも「たった一人の主観的な思い」が売れる商品を作り出す、なんてことがよくあります。

「今の職場をより働きやすくするために何をしたらいいか」について考えるときは、あなたや同僚の個人的な体験や思いが、ヒントになるはずです。

客観と主観、意見と思い。

上下も正誤もなく、どちらも必要です。

あくまでも「その場その場でどちらが相応しいか」なのです。

「伝えたいこと」には２種類ある

意見・考え（ロジカル）		感想・思い（エモーショナル）
カッチリ	←→	ふんわり
客観的	←→	主観的
合理的	←→	直感的
説得	←→	共感
説明	←→	表現

はっきり分けられるものではなく、
グラデーションになっている

「自分の中だけ」で言葉を作らなくてもいい

私は今、キャッチコピーを作る講座や研修などで、受講生さんにその場でフィードバックをしたり、質問にすぐに答えたりしています。

言葉がポンポンと出てきてすごい、と言われることがありますが、思っていることをすぐに言葉にできるのは、社会人になったときの環境の影響が大きかったと思います。

広告の会社にいたので、仕事は「アイデアを出すこと」でした。

アイデア会議では、「思いつき」を言ってもOK。

自分の考えを、うまく言葉にできていなくても、なんとなく思いついたことをそのまま口に出せる環境でした。

一人で面白いアイデアを作るのではなく、**思いつきをポンポン口に出すことで、そ**

の場にいる人たちと共作の考えが生まれていきました。

◎意見や思いは相手と一緒に作っていける

意見を言うときも、思いを話すときも、自分の中で完成されたものを発表するのではなく、相手と一緒に作っていくと考えることもできます。

プレゼンや商談であっても、相手の反応を見ながら進めていくこともできるのです。

思ったり考えたりは、無意識のうちにやっていることですが、意識的に取り組むことで、自分の言葉でまとまりやすくなります。

第1部で紹介する習慣を意識するだけで、今、自分が何を思っているか、何を考えているかが、はっきりと言葉にできるようになっていきます。

「うまくまとめる」前に、広げることを恐れない

「思いをうまくまとめたい」「言いたいことを的確にまとめたい」という悩みをよく聞きます。

まとめたいというよりも「短くまとめなきゃいけない」し、文章を書くなら「気の利いたまとめの一言を入れなきゃいけない」と思っている人が多いようです。

でも、まとめるのは、最後の最後ですることです。

アイデアを考えるにも、企画を立てるにも、キャッチコピーを作るにも、ブログや記事を書くにも、**まず「まとめる」前に「広げる」ことが必要です。**

今、自分がすでに言葉にできているものや、明確になっている情報だけを基にまとめてしまうと、話が小さくなってしまいます。

◎まず材料を集める

以前、料理雑誌の取材ライターをしていたとき、編集長にいつも言われていたことがあります。

それは、**「取材に行った人しか、書けないことを書きなさい」**、です。

ネットで調べてすぐわかる情報を集めて、ちゃちゃっとまとめた記事に価値はない、そこに行って、実際に話を聞いて、調理の過程を見て、お料理を味わって、お店の雰囲気やお客様たちの様子を体感したからこそ、書けることがあるでしょう、と。

記事を書くには、まず材料を集める必要があります。

同じく、自分の気持ちを書くにしても、自分の意見をつくっていくにしても、「今気づいていること」「すでに言葉にできていること」だけをまとめるのではなく、一旦広げたり、掘り下げたりしていく必要があるのです。

話が浅いと言われる、自分でも発言が薄っぺらになると感じることがある人は、とくに、広げること、深めることを意識してみてください。

話の内容が変わっていきます。

自分の言葉で伝えられると、どんないいことがある？

思っていることや意見が、自分の言葉で伝えられるようになると、どんないいことがあるでしょうか。仕事・プライベート、両方の場面で考えてみましょう。

上司や顧客からの評価が上がる

誰かの受け売りではない意見が言えるようになると、「ここまで考えてくれたのか」「よくわかってくれている」と、信頼されるようになります。

打合せや会議で意見が通りやすくなる

自分のアイデアや意見が話せるようになると、社内外を問わず、仕事で関わる人たちと、信頼関係を育むことができるようになります。

本当にやりたかった企画が通る

「自分は本当は何がやりたいのか」「この仕事を通して叶えたいことは？」と掘り下げて言葉にしていくことで「本当にやりたい」と思える企画ができるようになります。

自分の言葉で、商品・サービスや自社の魅力が語れる

マニュアル通りではない、自分の思いが乗った言葉で、商品やサービスのよさを語ることができるようになります。自分の言葉で魅力が語れると、お客様一人ひとりに合わせた提案ができるようになるのです。

リーダーシップが発揮できる

借り物ではなく、自分の言葉で話す人の言葉には、力があります。熱があります。相手を気持ちよく動かすことのできるリーダーになれるのです。

発信力がつくことで、ビジネスチャンスが広がる

自分なりの視点でものごとを切り取って、自分の言葉で発信していくことで、「この人の視点が面白い」「この人の話がもっと聞きたい」とファンが増えます。

「モヤモヤした違和感」が言語化できて、悩みから早く抜け出せる

感情が見える化できるので、ずっと同じことでぐるぐる悩むことがなくなり、自分で自分の感情を処理できるようになっていきます。

会話がスムーズにできるようになる

自分が本当に感じていること、思っていることをお互いに話せるようになると「こんなことを言ってはバカにされるのではないか」「周りにどう思われるか」という恐れがなくなり、安心してコミュニケーションが取れるようになります。

自分はここにいていい、自分はここにいる意味がある、と思える

自分が思ったことや考えたことを、話したり、書いたりして、それを受け入れられる経験を積んでいくと、自分はここにいてもいいんだという安心感が得られます。

第1部

思い・考えをまとめる習慣

第1章 思いを言葉にする

この章を読む前に知っておきたいこと

「思いを言葉にする」ためには、「メモする」が基本の姿勢になります。必要なポイントは、次の3つです。

①観察する
②何でも口に出す
③感覚や感情に敏感になる

たとえば、会議中に「なんかモヤモヤする」「違和感がある」と気づいたら、どうしますか。無意識にその感覚をスルーして、「別に言うほどのことでもないな」と無かったことにしていませんか。そこで言葉を飲み込まず、モヤモヤに意識を向けることが、自分の言葉を持つ第一歩です。

周りや自分自身をよく観察し、思ったことをとにかく口に出して、自分の感覚や感情に敏感になる。この繰り返しで、思いを言葉にできるようになっていきます。

基本姿勢は、頭に思い浮かんだことを「メモする」

①観察する

②何でも口に出す

③感覚や感情に敏感になる

思いや考えが生まれるプロセス

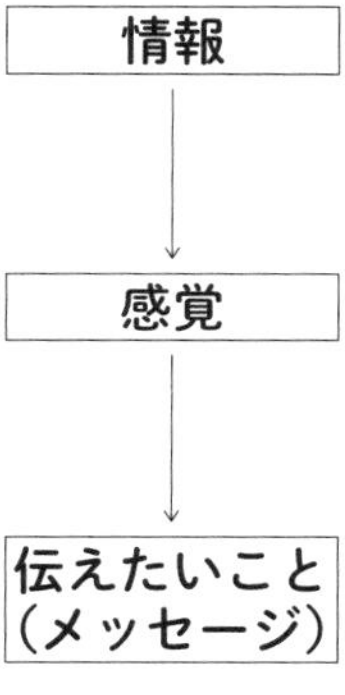

思う＝感情や直感に基づいて何かを感じること

考える＝ある問いに答えを出そうとすること

頭の中にある言葉を体から出して、メモする

第1部では、言語化のスタートである、自分の中に思いや意見を育てるための習慣を、伝えていきます。

「言葉にする習慣」というと、頭の中でやることをイメージしそうですが、体を動かすことが大事です。

「やろう」「やらなきゃ」なんて思う前に、やらなきゃ気持ち悪い体になっているイメージです。

具体的には「メモする」、これが基本です。

頭に思い浮かんだこと、まだうまく言葉にできていないことでも、ふわっとしたことでもなんでもいいから、とにかく口に出す。そしてメモする。

これを習慣にしていきましょう。

◎言葉は、口に出すことでまとまっていく

言葉にするには、ずっと頭の中でぐるぐる考えるのではなくて、一旦、体から出すことが重要です。

言葉は、頭の中にあるときは、ふわふわと浮かぶ泡のようなものです。捉えどころがなく、すぐに頭の中から消えていきます。

その泡をまだ形になっていなくてもいいから、とにかく口に出して、それをすぐにメモしてみてください。そうすることで、自分の思いに輪郭ができていきます。

私は、家の中でも、外出先でも、ポケットにいつも小さなメモ帳とペンを持っています。

メモ帳が持てない（取り出せない）シーンでは、スマホに音声入力でメモをします。書いている間に、話している間に、思考がどんどん進んでいくからです。

紙に書かなくても、スマホでいいじゃん、という考えもあるのですが、私がそれで

も紙に書くのは、「字」以外のものも書きたいからです。

なんとなく思いついた図や、そのときの感情を顔マークで書いたり、落書きのようなものも書いたりしていくうちに、思考が深まっていきます。

また、書いたメモは、厳密に管理をしなくてもいいと思います。

書いたメモが、どこかに行ってしまっても、「なんとなく、あのとき、あのカフェで、ああいうことを考えていたなぁ」という記憶さえ残っていれば、そこからまた考えることができるからです。

言葉になっていなくていいからメモする

スマホで入力する際は、
音声入力がおすすめ

小さいメモ帳やふせん、
ペンを持ち歩く

メモしないと気持ち悪い、という状態になれば、あなたも言葉にする習慣の1つが身についた証拠です。

◎自分が話した内容をメモする

頭の中に思い浮かんだことだけでなく、「自分が話したこと」をメモすることも大事です。

誰かに話を聞いてもらっているうちに、言いたいことが言語化できた、という経験は誰しもあるのではないでしょうか。頭の中が整理されたり、口から出てきた言葉に自分でハッとしたり、話すことで気づけることは多いのです。

話した内容をすべてメモするのは、難しいですよね。

なので、「これは大事なことを言ったな」と思ったときは、単語やキーワードだけでもメモをしてみましょう。そうすることで、「あのとき、なんか大事なことを言っていた気がするけど、なんだったっけ」ということが減っていきます。

◎なんのために言語化できるようになりたいのか？

何事も、目的がぼんやりしているとなかなか続きません。メモの習慣を続けるためには、「なんのために、言語化ができるようになりたいのか」を明確にしておくことです。次のように、本音の理由を書き出してみましょう。

・会議でもっと発言できるようになって、自分がやりたいことを実現したい
・人と誤解なくコミュニケーションが取れるようになりたい
・仕事でリーダーシップが取れるようになりたい
・自分の思いを伝えることで、人との信頼関係を深めたい

ワーク

あなたはなんのために、言語化できるようになりたい？
思いつくことを書き出してみましょう。

観察①　周りをよく観察する

「うまく言葉にできない」という人の話を聞いていると、いろんなことを1つの大きな袋に入れているんだな、と思うことがよくあります。

たとえば、映画の感想を言いたいとき。

「昨日見た映画が面白かった」。

これでは、その映画について何も伝わりませんよね。

映画が面白いと思ったのには、「アクションがカッコよかった」「ラストシーンに感動した」など、いろんな理由があるはずです。

この一つひとつの理由を、ボールとしてイメージしてみてください。

「面白い」という1つの大きな袋に全部のボールを入れて、一つひとつのボールを見ようとしないと、「面白かった」としか感想を言えません。

まずは、その袋の中に何が入っているか、全部のボールを出してみることです。

一つひとつのボールを確認して、「今回は、どの話をするか」を相手に合わせて決めていく必要があります。

◎電車の中でスマホを見ない

自分がいつも入れている「大きな袋」の中に何が入っているかを、詳細に見ることが、「観察」です。

何かを見るときに、ざっくりと全体を見ただけでわかった気にならず、詳細を見つめる習慣をつけましょう。


たとえば、あなたは電車の中で何をしていますか。

スマホを見ている、音楽を聴いている、という方が多いように思います。

まずは、電車の中でキョロキョロと周りを観察す

る癖をつけましょう。
観察の大きな流れは、次のとおりです。

1、ざっくりと全体を捉える
2、注目ポイントを決める
3、詳細を観察する
4、解釈する

1、ざっくりと全体を捉える
電車の中で、まず全体をざっと見ます。

(例)平日朝8時の通勤電車なら、座っている人の9割、立っている人の8割ほどがスマホを見ているなぁ。今日は、少し冷えるから、上着を着ている人が多い。

2、注目ポイントを決める
次に、「注目する人(や場所)」を決めます。

（例）少し離れたところにいる、座って本を読んでいる女性

3、詳細を観察する

あまりジロジロ見るのは失礼なので、変に思われない程度に観察をします。
次に、その人の特徴から、生活を想像してみます。

（例）年齢は、20代後半ぐらい。読んでいる本は、ハードカバーの小説。図書館のシールが貼ってある。髪型は、暗めのカラーのボブだけど、よく見ると、髪の内側に明るい色を入れている。服装は、ネイビーのカーディガンに白いデニム。膝の上には、大きめの鞄と、小さなバッグ。保温性のありそうな素材っぽいので、中はお弁当かな。

朝起きてから、会社に行くまで、何をしているだろうか。6時に起き、お弁当を作って、洗顔、メイク、着替え、朝食。一人暮らしかもしれない。

4、解釈する

観察から見えてきたことに、解釈を加えてみましょう。

(例)図書館のシールのついた本、お弁当を入れる小さめのバッグ、あたりから、丁寧で節約をした生活がうかがえる。髪の内側の明るいカラーからは、個性的でありたい、流行も意識していたい、という思いを感じる。

こうして毎日、誰か一人に絞って、じっくり観察してみると、「通勤電車に乗っている人は、みんな疲れた顔をしている」なんていう、ざっくりとした捉え方ではなく、一人ひとりに物語があることがわかります。

観察は、1日で終わらせず、続けていくことで、意味を持ちます。

パッと見ただけではわからない、人と人の会話の中にある感情や、言葉にはなっていない表情、仕草、行動などをよく見ることで、「こういう人は、こういうもの」「こんなときは、だいたいこう」という思い込みを外し、実際に起きていることに目を向けられるようになります。

大雑把に捉えていたできごとに対する解像度が上がるのです。

解像度が上がって、ものごとが鮮明に捉えられるようになることが、「なんとなく」の言葉ではなく「自分の言葉」で考えることへの近道です。

ワーク

電車やカフェなどで人の様子を観察するのは、手軽にできる方法です（あくまでもジロジロ見て失礼にならないように）。そのほかにも、おすすめの方法を紹介します。やりやすいものから取り組んでみてください。

・憧れのあの人を観察する

なんとなく「いいなー」と思うだけではなく、その人がどんなときにどんな行動をしているのか、それはなぜかなど、細かく観察します。

・部内の定点観測

出勤から退勤まで、同じ部署の人を観察します。あの人は何時にコーヒーを飲む、あの人はお昼休憩後にまず何をする、あの人は会議中にどんなノートを使っている、など細かく観察してみましょう。

観察② 自分の感覚や感情を観察する

周りの人を観察することに慣れると、自分自身の感覚も観察できるようになります。今自分が何を感じているか、小さなことでも言葉にしてみましょう。

人はよく、うまく言葉にできないときに「違和感がある」「モヤモヤする」と言います。それをそのまま言っているだけでは、共感は生まれません。

違和感を代弁してくれる人に、スカッとしたり、自分の気持ちをわかってくれると親近感を持ったりすることは、皆さんも経験があると思います。

違和感の正体が言えるようになると、「この人は、私が言葉にできなかった思いを、言葉にしてくれる人だ」と、評価され信頼も生まれます。

◎モヤモヤ感情を分解する

違和感、モヤモヤを感じたら、それを分解してみましょう。
まず、次の2つに分解します。

・何が一番（THE MOST）
・なぜ、そう感じるか（WHY）

たとえば、「質問があったらなんでも聞いて」と言っていた先輩に、わからないことを聞いたら「それぐらい自分で考えなよ」と返されて、モヤモヤしたとします。

まず、そのできごとに対して、自分が感じたことを全部書き出してみましょう。

・先輩の言い方が冷たかったのが嫌だった
・自分から聞けと言ったのに答えてくれない、その矛盾がなんか許せない

・みんなの前で、大きな声で否定されて悔しかった
・先輩は、暇なときは優しいが、忙しいときは態度が変わるのが怖い

などなど、自分の感じた「違和感」を細かく分解してみると、「モヤモヤ」の中にいろんな思いが入っていたことに気づきます。

そこから、「何が一番」を見つけます。

書き出したものの中で、一番違和感があったのは何でしょうか。

「ああ、私は、忙しいとか時間がないとかの状況によって、態度が変わる相手が怖いと感じているんだなあ、それが一番嫌だったんだ」と気づいたとします。

次に「なぜ」それがそんなに嫌なのかを考えてみます。

「そうか私は、自分が、相手の状況を読んだり、その場その場で臨機応変に対応したりするのが苦手だからそれを求められるのが嫌なんだ」、と気づいたとしましょう。

ここまで掘り下げられると、

「なんでも聞いてと言っていた先輩に、質問をすると、それぐらい自分で考えてと返されてモヤモヤした」というだけではなく、

私は、状況によって態度を変える人が苦手です。自分自身が、相手の状況を理解して、臨機応変に対応する力が弱いと感じているからです。

と、「意見」が言えるようになります。

なぜ、そう感じるのか、なぜ、それが嫌なのかを言葉にできるようになると、「じゃあどうするか」が見えてきます。

「違和感がある」「モヤモヤする」で終わらせていたら、自分に対しても、相手や周りの状況に対しても、深い理解はできません。

言葉にすることで、見えてくるのです。

◎「要するに」より、「何が一番」

先ほども触れたように、言語化のポイントは、大きな1つの袋に入れているものの中身を全部出して、それを言葉にしていくことです。

全部出した後、やりがちなのが、「要するに」とまとめようとすること。

「違和感」という大きな袋に入っているものを全部書き出して、並べた後に、「じゃあ、要するに何だろう」と考えると、また「違和感がある」「モヤモヤする」に戻ってしまいます。

「要するに」と抽象化するのは、難しいもの。

それよりも、「何が一番」と、書き出した具体の中から1つを選んでください。

その1つが、すべてではないですが、漠然としたことを言うよりも、1つの具体的なことを言った方が伝わります。

ワーク

最近、違和感やモヤモヤを感じたことについて、次のことを書き出してみましょう。

・あったこと（できごと）

・いちばんモヤモヤした点はどこか（THE MOST）

・なぜ、そう感じたのか（WHY）

観察③　頭の上の「吹き出し」を想像する

本やビジネスのシーンでは、よく「相手の気持ちを考えよう」「相手が言ってほしいことを伝えよう」と言われます。

相手の気持ちを考える、とは具体的に何をどうすることでしょうか。

人は、自分以外の誰かの気持ちを100％理解することなどできません。

わからないけど、わかろうとすることが、相手を理解するということだと言えます。

具体的には、相手の頭の上に浮かんでいる吹き出しを想像することだ、と私は定義しています。マンガによくある、頭から浮かんでいる吹き出しです。

たとえば、同僚に、チームの誰かがやることになっている仕事をお願いしたとしましょう。その人は口では「いいよ、私がやっておくね」と言っているけれど、なんだか顔が曇っています。声のトーンも低いです。表情や声の感じを見ると、どうも納得していなさそうに見えています。

そのときに、相手の頭の上に、どんな吹き出しが浮かんでいるかを考えてみます。

・もしかしたら「何で自分ばっかり」と思っているのかな

・「自分でやってよ、と言いたいけど、言えないなぁ」と思っているのではないか

このように、吹き出しの中を想像していきます。

これが、「相手の気持ちを考える」ということです。

◎相手にとっての「正しい理由」を想像してみる

相手が言うこと、言葉にしたことだけに目を向けず、相手の言葉にできていない思いを、表情や声のトーンや態度や仕草などから想像してみま

いいよ
私がやっておくね
めんどくさいなー
自分でやってよね！
…って言えない

しょう。

これは、目の前にいる相手だけでなく、周りのすべての人に対してできることです。目に見えている情報だけでなく、次のような見えていない情報（相手が言葉にできていないこと）を想像してみてください。

・なんのために、今その行動をしたのか
・それをしている（その人にとっての）理由は何か
・その行動で何を得たかったのか
・その行動（や表情や態度）で、何を伝えたいのか
・その人は、今、何を感じ、何を思っているのか

もちろん、想像なので、考えてみたところで、相手の気持ちがすべてわかるわけではありません。

でも、相手の言葉や行動だけで判断せず、相手をわかろうとすること、相手の意図や思いを知りたいと思うことが、大事なのです。

そのときに大切なのは、「この人はこう考えているに違いない」と勝手に決めつけないこと。

あくまでも観察をベースに、自分の主観をできるだけ外して、相手の背景を想像します。

「この年代の人はこう」「この部署の人はこういうタイプ」など、カテゴリに当てはめて人を見ると、観察をする目が曇ってしまいます。

ワーク

「この人の考えていることがよくわからない」と感じる人を一人ピックアップします。

その人の普段の発言や行動を観察した上で、朝から夜寝るまでの1日をできる限り想像してみましょう（よく言っているセリフ、どんな状況でどんな行動をするか、など）。

なぜ、そんな行動を取るのか、「その人なりの理由」を考えて書き出してみましょう。

口に出す①
目に見えるものすべてを実況中継する

言語化が苦手な人は、いろんなものを「ざっくりと、なんとなく」見て、いろいろなことをまとめて「大きな袋」に入れている状態だとお伝えしてきました。

目の前で起きていることを詳細に捉えるには、見えるもの、聞こえるもの、感じることをすべて言葉にしてみる練習が役立ちます。
書き出すのは大変なので、口に出すだけでＯＫです。

イメージは、野球のラジオでの実況中継です。
野球中継をラジオで聴いていると、テレビで観るのとは違い、実況者が、目の前で起きていることを事細かに伝えてくれます。

9回裏、5対2、マウンド上はＡ高校の2年生ピッチャー山田君、表情は冷静です。

バッターボックスには、この試合2安打の鈴木君が入っています。山田君、サインにゆっくり頷いて、振りかぶって、投げた、ボール！鋭い曲がりで外角へと落ち込んでいきました。

このイメージで、今目の前に見えているもの、聞こえているものを言葉にしていきます。

〈例：休日の朝、散歩に出かけたとき〉

信号が青に変わった。右側から、小さな、3歳ぐらいの男の子と、お父さんらしき人が、手をつないで、ゆっくり歩いてくる。男性の手には、近所のパン屋さんの紙袋。その向こうからは、大きな犬を連れた高齢の男性が歩いてくる。犬の、茶色がかった毛並みに光が当たって綺麗。すれ違う瞬間、私がじっと見ていたからか、飼い主さんが、軽く会釈し、「こんにちは」と言ってくれた。

このように、目に見えたものや聞こえたこと、感じたことを、「とにかく口にしてみる」と決めてみてください。

難しいことを言わなくても、語彙力が多くなくても、口に出すと決めるだけで、より詳細に観察できるようになります。

実際に口にしてみると、あれ、なんか違うな、この言葉では言い表せていないな、と感じることがあるでしょう。

そのときに、「この言葉じゃなかったらなんて言ったらいいんだろう」と考える、その繰り返しで、言いたいことが、言葉にできるようになっていきます。

◎うまく言葉にできないときは、とにかく実況中継する

実況中継に慣れると、会話の途中で何を言っていいかわからなくなったときにも、役立ちます。

たとえば、意見を求められたけれど、パッといい言葉が浮かばないとき。

「言いたいことが頭には浮かんでいるんですけど、うまく言葉にならないです」と素

直に言ってみたり、「お話に聞き入っていて、自分の意見を考える余裕がなかったです」と状況を説明したり……。

もっとフランクな場であれば、「いきなり話を振られて、焦って、考えていたことが全部飛んでしまいました！」でもいいかもしれません。

「えっと」「あの」で止まらずに、今、自分に起きていることを実況中継してみましょう。普段から口に出す練習をしていると、いざというときにパッと言葉が出るようになります。

ワーク

最寄駅から家までの道を、実況中継しながら歩いてみましょう。

口に出す②
心のつぶやきを、すべて口に出してみる

誰かと話すことで自分の考えが言葉にできた、という経験は誰しもあると思います。話していくうちに、自分でも気づかなかった思いが出てきたり、言葉になっていなかったものがポロッと口から出てきたりします。

自分が何を考えているかを知るには、浮かんできた言葉のかけらが消える前に口に出してみましょう。

頭の中に浮かんでは消えていく、泡のような言葉のかけらを、口に出すことで「言葉」という形を持ったものにするのです。

簡単な方法を4つ、紹介します。

お風呂の中や通勤通学の途中、料理や掃除をしているときなど、今日からすぐできる内容なので、取り組みやすいものから、やってみましょう。

◎予習・復習

会議でうまく発言できなかった、友達に話を振られてうまく返せなかったなど、「あのとき、ああ言えばよかった」と1日の会話を振り返ることはありませんか？

そのとき言えなかった言葉を、帰り道や、お風呂に入っているときなどに、そのシーンに戻ったつもりで口に出して言ってみましょう。

「明日、あの人と会う」「プレゼンがある」という予定がある際も、何をどういう言葉で言うか、相手の表情や言葉を頭の中でイメージしながら、自分のセリフを口に出して言ってみましょう。

Aパターン、Bパターンといくつか用意しておくと、本番で焦ることなく口にできます。

◎自分の中のもう一人との会話

これは人によってやりやすいパターンがあると思います。
私がよくやるのは、次の2通りです。

A　自分の中にキャラクターの違う2人の人を設定する

B　いつもの自分に、別キャラの自分が話しかける

Aは、たとえば「まじめ」と「むぼう」という2つのキャラを設定します。
頭の中で2人が話す様子を想像して、それぞれになって、実際に口に出してみます。

まじめ：自分のやりたいことって、なんだろう。よくわからないな。
むぼう：仕事になるかどうかを考えているから、わからないんじゃない。
まじめ：だって、どうせやるなら、仕事になることがしたいじゃん。
むぼう：やっていることが、お金になるかどうかなんて、やってみないとわかんないだろ。まず、お金になるかを気にせず、やりたいことをやれば。

こうやって、2人分の会話を口に出しているうちに、自分が本当は何を考えていたのか、言葉にできるようになってきます。
（私は子どもの頃から「ヤンキー」と「オタク」が頭の中にいて、いつも会話しています）

Bは、自分に、別のキャラクターが話しかけるイメージです。
別キャラは、実在の人物を思い描くとやりやすいです（先輩や理想の大人、または好きなキャラでもOK）。

自分（口に出して言う）：あーあ、がんばっているのに、なんで全部うまくいかないんだろう。
別キャラ（脳内の声）：全部ってことはないんじゃない。
自分：でもいろんなことがチグハグなんだよなぁ。
別キャラ：毎日、会社に行けているだけでもすごいよ。
自分：うーん、そうかもだけど、でももっとできる気がするんだよなぁ。
別キャラ：自分のことをもっとできるって信じているんだね。

◎インタビュー形式

自分が雑誌やテレビ番組などのインタビュー、またはスポーツのヒーローインタビューを受けているようなイメージで、自分に質問し、答えを口に出していきます（質問は脳内の声でOK）。

自分（口に出して言う）：今日のプレゼン、うまくいったなぁ。
インタビュアー（脳内の声）：いちばんのポイントは何ですか？
自分：いつもより丁寧に準備したから、ですかね。
インタビュアー：ほお、具体的にはどんな準備を？
自分：いつもパワーポイントでスライドを作るんですけど、今回はスライドに着手する前に、リサーチを十分にしました。ターゲットに近い人の声を聞きまくった感じです。
インタビュアー：なるほど、リサーチが大事なんですね。

スポーツ選手のヒーローインタビューや、経営者や成功者（とされている人）へのインタビューやドキュメント番組をイメージして、ヒーローになりきって答えてみましょう。

◎一人語り

テーマだけを決めて、それに対して一人で語ります。

私はこれを、音声配信でもやっています。

たとえば、「いい文章ってなんだろう」というテーマだけを決めて、一人で、あーでもない、こーでもないと語るのです。

話しているうちに、自分でも思わぬところに話が転がって行ったり、自分でもうまく言葉にできていなかったものが言葉にできたりしていきます。

いきなりスラスラ話せなくても大丈夫。

誰も聞かない前提で、一人で思いつくままに話してみましょう。

ワーク

1週間の終わりに、「今週一番うまくいったこと」をテーマに自分にヒーローインタビューをしてみましょう。

感覚に敏感になる①
自分の感覚と感情に敏感になる

思考という言葉には、「思う」と「考える」が入っています。

私たちは、普段思ったり、考えたり、を行き来しながらぐるぐると思考を巡らせているのです。


「思う」のスタートは、受信した情報に対する反応です。

自分の思っていることを言葉にするには、まず自分が何に反応（リアクション）するかに敏感になることが大切です。


何かを見たときに、ちょっといいなと感じる。

誰かの話を聞いて、なんか違う、と違和感を持つ。

同世代で活躍している人の姿に、なんだかモヤモヤを感じる。

そういう「引っ掛かり」が「思う」のはじまりです。

「思い」は、言葉にしない限り、ふわふわと浮かんでは消えていきます。自分でも捉えどころのないものです。

自分の中に生まれた感覚に敏感になることで、まだ「形のない思い」に気づくことができます。

◎「なんかいい」「なんか違う」に敏感になる

コピーライターの谷山雅計さんの著書『広告コピーってこう書くんだ！読本』に、『なんかいいよね』禁止」というフレーズがありました。

あなたは、いい映画を見てドキドキしたり、いい音楽を聴いてホロッとしたり、いい小説を読んでジーンとしたりしたときに、しばしばこういう言葉を発してはいないでしょうか。

「なんかいいよね」「なんかステキだよね」「なんかカッコいいよね」と。

明日から、それをきっぱりとやめにしてほしいのです。そして、かわりにこう考え

てみてください。

「なぜいいのか。これこれこうだからじゃないか」「なぜカッコいいのか。こういう工夫をしたからじゃないのか」と。

谷山さんは、「『なんかいいよね』で止まっているうちは、一生作り手にはなれない」と言います。

「なんか」で終わらずに、「なぜ」「どこが」を考える。

これは、作り手としての思考だけでなく、自分の気持ちを理解して言葉にすることにも、とても役立ちます。

「なんかいい」「なんか違う」に敏感になることで、その奥にある自分の価値観や感情に気づくことができるのです。

ワーク

最近のできごとの中から、「なんかいいな」と感じたことを1つピックアップします。なぜ、それがいいと感じたのか、どこが一番よかったのかを書き出してみましょう。友達に話すような感じで気軽に書けばＯＫです。

感覚に敏感になる②「思いをたどる日記」をつける

思いを言葉にする習慣の最後は、これまでやってきた「観察」と「口にする」「感覚と感情に敏感になる」を使って、「思いをたどる日記をつける」です。

この日記は、日々の記録というよりも、「自分の思いをより深く観察して、言葉にするためのもの」です。

毎日つけるのが大変であれば、自分の感情がとくに動いたとき（落ち込んだ日や、イライラ、モヤモヤしたとき）に書き出してみるのがおすすめです。

まずは、そのできごとの「状況」を書き出します。

「私の企画はいつも通らないなぁ」と悩んでいたとしたら、その「いつも」がいつのことを指しているのか、何月何日何曜日の何時に何があったか、をエピソードとして書くのがポイントです。

そのときの状況を、詳細に書き出してみましょう。

次に「感情」を書き出します。

そのとき、感じたのは、どんな感情でしょうか。

嬉しさ、悲しさ、恥ずかしさ、情けなさ、楽しさ、面白さ、うきうき、しょぼん、がっくり、ワクワク、もやもや、イライラ、なんだかブルー、など書き方は自由でＯＫ。

そのときの体の反応も思い出してみます。

感情が動くとき、体の反応があります。実際に、体のパーツのどこに、どんな様子があったかを詳細に書き出してみます。

次に「思ったこと」を書き出します。

そのとき、自分はどんなことを思っていたか、文章で書く、というよりも、箇条書きで書き出していくのがポイントです。

◎信念が伝え方のベースにある

できごとをどう捉え解釈するかは、自分がどんな信念を持っているかに影響されます。

信念は、自分では気づかないうちに、つけているコンタクトレンズのようなものです。知らないうちに、これが普通だ、これが当たり前だ、というレンズをつけて世界や自分自身を見ているのです。

「なんだか話が噛み合わない」「何でそんなことをするのかわからない」と誰かに対して感じたり、「何回言ってもわかってもらえない」とモヤモヤしたりするのは、**伝え方の問題ではなく、人それぞれ信念が違う（＝見えている世界や当たり前が違う）からです。**

その違いに気づくことで、コミュニケーションがうまくいくようになります。

違いに気づくには、まず自分自身の信念を知ること。

できごとについて「別の解釈」を考えてみると、自分の中に、ある信念が隠れていたことに気づきます。

「私の企画は、いつも通らないから、私には企画力がない。と思っていたけれど、もしかしたら、それは思い込みかもしれない。

だって、企画が通らないのは『いつも』ではない。先月は、時間はかかったけど、自分が提案した企画が通ったではないか。そう考えると、今日、上司に冷たく突き返されたのは、たまたま相手が急いでいたからではないか」

「私は自分に能力がないと思っているのでは。結果を出さないと価値がないと感じているのでは（信念）」

このようなイメージです。

◎自分がどんな信念を持っているかは、当たり前すぎて気づけない

自分がどんなふうに、自分自身やこの世界を見ているのか、ものごとを捉えているかは、自分では当たり前すぎて、改めて言葉にしてみないと気づくことができません。

信念自体に、いいも悪いもなく、ただ、違うだけです。

どっちがいい・悪いとか、歪んでいるから変えなきゃいけないなんてことはありません。こんなふうに捉えている自分がいるんだな、と俯瞰してみて、違う見方もあったかもしれない、と気づくだけでいいのです。

信念が見えてきたところで、「今後もその信念を持って生きていくか」を自分で決めましょう。

そして、もし同じようなことが今後起きたらどうするか、今後はどうしていきたいかを「行動」として書き出します。

最後に、この一連のワークから見えてきた自分自身の「価値観」＝人生において大事にしていること、大事にしていきたいことを書き出します。

それらを言語化する習慣がつくと、人の行動や言動に対しても、その奥にどんな信念や価値観を持っているかを想像できるようになっていきます。

少なくとも、「自分とは違う」と気づくだけで、コミュニケーションがしやすくなるはずです。

「相手の気持ちを考えろ」とよく言われますが、コミュニケーションがうまくいくためには、気持ちの奥にある信念や価値観をわかろうとすることが大事なのです。


はじめは、うまく書けないと思うかもしれません。

人に伝わるかを意識せず、まずは、自分だけにわかる言葉で書き出せばＯＫ。慣れてくるうちに、「この言葉ではしっくりこないから書き換えてみよう」「もっとわかりやすく書くには」と一つひとつの言葉を意識できるようになってきます。

ワーク

最近の、自分の感情が動いたできごとをもとに、「思いをたどる日記」をつけてみましょう。できれば、習慣になるように、一週間に一度振り返りの時間を持ちましょう。

日記の例

状況（心が動いたできごと）	6月1日　10時頃 朝までがんばって仕上げた企画書を上司に提出するとパッと見ただけで「やり直し」と突き返された。
感情	情けない、恥ずかしい、消えたい
体の反応	体が固まった、手の平に汗がにじんだ
思ったこと	自分には企画力がない、上司にバカにされている
そう思った根拠（経験や記憶）	自分の企画はいつも通らない、上司の言い方がキツイ
別の解釈	いつもではなく、先月は企画が通った。上司は急いでいたのかもしれない
はじめにそう思ったのは自分にどんな信念があるからか	・マイナス思考 ・自分は認められていない ・結果を出さないとここにいてはいけない
今後もその信念を持っていくか	・マイナス思考があると仕事に集中できない ・結果を出すまで粘れるのが会社
行動（次からはどうするか）	・すぐ諦めず、粘り強く取り組む ・一人でがんばらず、早めに周りの意見を聞く
自分が大切にしたい価値観は？	・粘り強さ ・人と一緒にがんばる

人の気持ちを考えるのが苦手な人はどうする？

「相手の気持ちを考えよう」

「人の気持ちを理解しよう」


伝え方の話になると、いつもこの話が出てきます。

でも、それが難しい。

そもそも、「人の気持ちを考える」ということが苦手、そういう思考をしてきていない、という方もいると思います。


「相手の気持ち」を考えるのが難しいときは、「今起きていること」を言葉にしてみてください。

「どんなことが起きているから、今何が問題なのか」「どんな流れでこの状況になったのか」「全体として何が起きているか」というように、現象として捉えるイメージです。

p.73の「口ではいいよと言うけれど、納得してなさそうな人」のことも、「どういう気持ちかな?」と想像するのが難しかったら、「現象として今何が起きているか」を言葉にしてみましょう。

気持ちや意思は一旦おいて、結果的にどうなっているか次のように考えてみます。

- 同僚にチームの誰かがやる仕事を頼んだ
- 「いいよ、私がやっておくね」と同僚が言った
- (本人の気持ちはわからないが)なんだか納得していないような顔に見える
- 翌日も、その仕事に着手しているようには見えない
- 彼/彼女が仕事を進めないために、工程がストップしてしまっている

ここでわかった**「起きている現象」**を言葉にしていくと、**「どんな気持ちか」が理解できなくても、「結果的に何が起きているか」を明確にできます。**

たとえば、セールスの場面でも、商品説明でも、

「こんな気持ちになりませんか？」というトークではなく、

「このような状況にお困りではないですか？」という説明ができます。

人の気持ちがわからないから、相手に伝わる言葉にできない、ということはありません。

「気持ち」がわかりにくかったら、状況を把握し言葉にしてみましょう。

「気持ち」というふんわりとしたものよりも「現象」として捉える方がわかりやすい、という人は、ぜひ現象を言葉にしていくイメージでも、言語化に取り組んでみてください。

第1部

思い・考えをまとめる習慣

第2章

意見を作る

この章を読む前に知っておきたいこと

意見とは、自分の思いや考えに、「根拠」をつけて、相手が納得しやすいかたちにしたものです。

あくまでも「自分の思いや考え」がスタートです。グ グって出てきた「誰かの意見」「偉い人の考え」ではなく、自分からスタートしたものだから「あなたが語る意味」が生まれます。

意見を作る4つのステップにそって、自分の考えを言葉にしていくと、「意見」が作れます。

「根拠は？」と聞かれるのが怖い、自分には立派な意見なんてないと感じる人も大丈夫です。誰の中にも、すでに、意見はあるのです。

自分の中にふわっと浮かんだ思いつきや、違和感に気づくことから、意見が作れます。

意見を作る４つのステップ

① 問いを立てる

②前提を定義する

③根拠を作る

④ツッコミを考える

↓

４ステップで考えたら、次について伝える

・前提

・考え

・考えに至った根拠

あなたが意見を言えない理由

ビジネスでは、自分の意見が求められます。
またプライベートでも、「意見のある人」との話は面白いものです。

まず、前提として大事なことは、**意見は違うから面白いのであり、誰かの意見が絶対であることはない**、ということです。

意見が言えない、という人の多くは、「誰かが正解を知っているのではないか」と思って誰かの答え（意見）を参考にしようとしたり、「人と意見が異なってはいけない」と思って、誰かと違うことを考えていたとしても、自分の意見を押し殺したり、相手に合わせたりしようとします。

でも、何かに対してどう思うかという意見は、人と違って当たり前です。
意見というのは、誰かにいい／悪いと評価されたり、合っている／間違っていると答え合わせされたりするものではありません。

伝え合うことで、互いを理解したり、アイデアを広げたりするためのものなのです。

◎そもそも「意見」って何？

意見とは、自分の考えや思いつきに、「根拠」をつけて、相手が納得しやすいかたちにしたものです。

たとえば、会議の席で「何か意見はないか」と言われたときに求められていることと、プライベートで旅行の行き先を決めるために「あなたの意見は？」と聞かれたときに求められていることは違うでしょう。

いきなり聞かれたのか、もともと準備するように言われていたのかによっても、答える内容は変わってきます。

共通しているのは、**「あなたはどう思うか」というあなたの意見が求められている、**ということです。

つまり、どこかにある絶対的な正解を求められているのではなくて、自分の経験や知識、価値観に基づいた意見が求められています。

「意見」として求められるのは、この3つの要素です。

①前提（立ち位置、言葉の定義）
②考え（自分なりの答え）
③考えに至った根拠（理由、ファクト）

たとえば、上司に「リモートワークを今後推進すべきか、君はどう思う？」と聞かれたらどう答えるか、3つの要素をもとに意見を作ってみましょう。

私は、現在週3で在宅勤務をしているチームリーダーとして（立ち位置）、会社はリモートワークをもっと推進すべきだと考えます（自分の考え）。

ここで言う「リモートワーク」とは、完全在宅のことではなく、必要に応じて在宅と出社をフレキシブルに選べる制度のことを指しています（言葉の定義）。

リモートワークを推進すべき理由は、リモートワークによって、従業員の満足度が上がっているからです（理由）。

チームメンバーへのヒアリングでも、完全出社の人よりも、一部在宅を取り入れている人の方が満足度が高いことがわかっています（ファクト）。

このように、前提、考え、根拠が揃うことで、説得力と納得感のある「意見」になります。

ワーク

意見がしっかり言えているな、と感じる人の意見をピックアップし、

①前提　②考え　③根拠　に分けて書き出してみましょう。

（前提が明言されていない場合は、この人は、どんな立ち位置で言っているのか、また言葉の定義をどう捉えているのかを推測してみましょう）

ステップ① 問いを立てる

では、どうすれば、自分の意見を持てる人になれるでしょうか。

意見を持つはじまりは、「問いを立てる」ことです。

意見が答えだとすると、問いは「質問」であり「問題意識」です。

たとえば、先ほど出てきた「会社はリモートワークを推進すべきか」も問いです。

この問いを、上司や先輩から言われてはじめて考えるのと、日頃から興味を持ってそのテーマについて考え続けている人とでは、質問をされたときの答えが変わってくるのは当然です。

自分の意見を言葉にして伝えられる人は、日頃から、様々な問いを立てる習慣がある人です。

問いは、「これはどういうことだろう」「なんか違うな」「なんでそう思うのだろう」

という「気づき」や「驚き」が出発点になります。

子どもの頃は、何を見ても新鮮で、周りの大人にいろんな質問をしていたはずです。

「月はどうして形が変わるの？」

「あの人はなんで怒っているの？」

「なんで学校に行くの？」

大人になり、経験を積んでいくと、なんとなくわかったような気になって、新しい発見や気づきを感じなくなっていくものです。

何かに気づいても、「そんなこと気にしてもしょうがない」「今考えている場合じゃない」「自分が考えることではない」となかったことにせず、「問い」を立ててみてください。

◎意見を作る5つの問い

ここでは、具体的な問いを5つ紹介します。

たとえば、「幸せ」について考えてみましょう。

1：そもそも（本質・前提）

【例1】そもそも、幸せとは何か？

【例2】そもそも、幸せにならないといけないのか？

2：AかBか（選択肢、比較）

【例1】仕事とプライベート、どちらで幸せになりたい？

【例2】幸せとは、自分で評価するものか？　他者から評価されるものか？

【例3】幸せになれる人となれない人の違いは？

3：何のために、どこに向かって（目的）

【例1】何のために幸せになりたいの？

【例2】幸せになったら、何を得られるのだろう？

4：なぜ、何があった（理由・背景）

【例1】なぜ、人は幸せになりたいのだろう？

【例2】あの人は幸せだ、とどうして言えるんだろう？

5：必要条件（何があれば○○と言えるのか）

【例1】どんな状態になれば、幸せと言えるのか？

【例2】何が揃っていれば（満たされていれば）幸せと感じるのか？

ワーク

あなたが考える「幸せの3つの条件」を書き出してみてください。
それを条件とした理由や背景を説明してみましょう。

ステップ② 前提を定義する

意見を作るステップ2は、自分の「前提」として、立ち位置と言葉の定義を決めることです。

立ち位置とは、自分は今どこからの視点でものを言っているかを決めておく、ということです。同じ事象でも、どの立場から見るかによって、意見は変わります。

たとえば、「環境問題についてどう思うか」といった大きなテーマも、
「子ども2人を都内で育てている親の立場で考えると」
「会社で、飲食店の支援をしており、現場の人の話を聞いている立場で考えると」
と、**自分の立ち位置をはっきりさせておくことで、意見が言いやすくなります。**

会議などで、「何か意見はない？」と聞かれて答えにくいときも、自分の立ち位置

を決めた上での発言ならハードルは下がります。

たとえば、新商品のスイーツをA案にするか、B案にするかどちらがいいかと聞かれたら、

「スイーツを毎日食べている自分からすると」

「普段はあまり甘いものを食べない自分からすると」と前提を立てたり、

「売上を上げるために、守りの案ではなく、攻めた案が必要というスタンスで言うと」

など、自分の立ち位置を決めたりしておくと、話しやすくなります。

またブログなどで発信をしたり、記事を書いたりするときも、読者にとって、自分はどんな立ち位置でいるかをはじめに決めておくと書きやすくなります。

次のようなイメージです。

・専門家として教えるポジション
・そのテーマについて読者より少し詳しい先輩ポジション
・読者と同じ立場で葛藤したり悩んだり挑戦したりしている同志ポジション

◎言葉の定義がズレていると、話が噛み合わない

立ち位置を決めるのと同じく、意見を言う前に大事なのが「言葉の定義を決めておく」ことです。

相手と話が噛み合わないときは、たいてい、言葉の定義がズレています。

「新商品について、なんか面白いアイデアを出してよ」と上司に言われた場合。

その「面白い」とはどういう意味か、確認をする必要があります。

「今までにない斬新なもの」という意味かもしれませんし、「納得性のあるもの」ということかもしれません。

相手とすり合わせをしておきましょう。

ワーク

SNSで見かけた意見を取り上げ、その人の前提（どんな立ち位置で言っているか）を想像して書き出してみましょう。

ステップ③　根拠を作る

「それって、個人的な感想だよね」と否定されたり、「根拠は？」と聞かれたりするのが怖い、という声をよく聞きます。

確かに、せっかく考えたことを言ったのに、そう言われて怯んでしまう気持ちはわかります。

でも、**とくにビジネスシーンでは、「なぜそう言えるのか」＝根拠が必要なのです。**

はじめは感覚的に「なんとなくそう思う」でもＯＫ。

そこに、相手が「なるほど」と思うような根拠をつけていきましょう。

◎理由、ファクト、体験談をセットで伝える

根拠があると、意見の信頼性が高くなり、単なる感想を説得力のある意見に変えることができます。

根拠には、次の3つが含まれます。

「理由」＝なぜそう思うか（なぜなら）

「ファクト」＝裏付け、客観的なデータや情報

「体験談」＝具体例やたとえ（たとえば）

この3つが揃うことで、単なる感想ではなく「意見」としての説得力が増します。

◎「A案がいい」に根拠をつける

たとえば、新商品のポスターを決める際、A案か、B案かどちらがいいかの意見を求められた際に「A案がいいと思います。なんとなく、ですけど」では、説得力がありません。

「理由」「ファクト」「体験談」の3つを入れると、次のように説得力のある意見になります。

「A案がいいと思います。

理由は、商品の使用後イメージが写真で伝わるからです。

商品特徴を並べたポスターと、商品を使った先の未来に起こる変化を伝えたポスターだと、後者の方が反応がいいというテスト結果が出ています。

たとえば、今はインスタでも、ただの投稿よりも、ユーザーと双方向で交流できるものが主流になっています。A案の場合、これを見たユーザーが同じポーズで写真を撮って投稿しようというような、動機につながるのではないかと考えます」

「いきなりこんなこと、スラスラ答えられるかー！」と思うかもしれません。

スラスラ答えられなかった、と感じたときは、p.82に書いた「復習」がおすすめです。

もっとああ言えばよかった、こう答えればよかった、と感じた「こう言えば」を、その日の帰り道やお風呂の中で口に出してみてください。

次に同じようなシチュエーションが来たときには、前回よりはスムーズに答えられるようになるはずです。

ワーク

「最近これをがんばった」と思うことに対して、次の3つを書き出してみましょう。
・理由（なぜなら）
・ファクト（根拠となるデータや事実）
・体験談（たとえば）

例　資格取得のための勉強

・理由　資格を取得することでキャリアアップを目指しているから。
・ファクト　平均して毎日2時間以上勉強し、6ケ月間で360時間を勉強に費やした。
・体験談　仕事と勉強の両立は大変だったが、忙しいときほど早朝に集中するようにした。

ステップ④　ツッコミを考える

自分の意見を作るために、「問い」を持ち、「前提」を定義して、「根拠」を作ってきました。

さらに、ツッコミを予想して答えておくと、独りよがりではない、バランスの取れた意見になります。

◎「ツッコミ」があると、意見がさらに深くなる

たとえば、カスタマーサポート部門で働くＡさんが、「顧客対応に生成ＡＩを導入すべきだ」という意見を上長に伝えるとします。

前提……Ａさんは、日々の対応をする中で、応答が効率化すればより顧客満足度が上がると感じている

言葉の定義……ここでいう「生成ＡＩ」とは、顧客の問合せに自動で応答するシステムのことで、「顧客対応」とは、Webサイト上でのチャットを想定している

根拠……生成ＡＩを活用することで、迅速な対応が可能になり、サポートチームの負担が軽減される。24時間対応が可能になるため、顧客満足度の向上も期待できる

ここまで聞いた相手が、ツッコんできそうなことを次のようにあげてみます。

「ＡＩを導入すると、お客様から詳しいご意見を聞く機会が減るのではないか。ＡＩの対応だと企業としての姿勢が伝わらないのではないか」

こうして、ツッコミを想定しておくと、そう言われたときにどう答えるかを準備しておけます。

相手の意見との妥協点（ちょうどいい落とし所）を見つけたり、さらに追加でデータを探しておいたり、ＡかＢかを比較検討した上での、新しいＣ案を考えたりすること

もできるでしょう。

たとえば、今回の場合は、妥協点を探すなら、次のように考えられます。

・チャット対応は、生成AIを導入して24時間対応に。電話を好むお客様には、従来のサポートデスクに電話してもらえるようにする

こうして、**ツッコミを先に考えておくと、もとの意見よりも、さらに深く検討した意見が作れるようになります。**

プレゼンをしたり、人前で何かを発表したりするときや、またはセールスや接客の場でも、「相手からこういう質問やツッコミが来たらどうするか」をいくつか隠し持っていると安心です。

「なんか言われたらどうしよう」「質問されたらどうしよう」ではなく、「こう言われたら、こうしよう」を事前に決めておく。意見を言うのが怖くなくなるコツです。

ワーク

思いや意見を伝えたときに、反対されたり、否定されたりして、諦めたことはありますか。

そのときのことを思い出して、今なら、どんなことができるか、次の2方向から考えてみましょう。

1、妥協点を見つける

2、AでもBでもないCを考える

「それっぽいこと」を疑う

自分の意見を持つには、日常の中に問いを立てることが大事、という話をしてきました。

日常的に問いを立てるには、「それっぽいこと」を疑う目が役立ちます。

たとえば、ＳＮＳでよく見かける誰かの意見。

「成功するには、とにかく行動だ」

「幸せになるには、まずは自分を満たそう」

「ブレずに、自分軸を持とう」

などなど、誰かが言っているそのことを、「そうなのか！」と受け取るのではなく、疑ってみるのです。

◎問いが広がると、考えが深まる

「それって本当？」

「そもそも、この人が言っている成功ってなんのこと？」

「そうとも言えないときもあるんじゃないの？」

「自分軸っていう言葉、いつから流行っているんだろう？」

などの問いが浮かんできます。

そこからさらに思考を深めていくと、

「自分軸って、目に見えないものなのに、なぜ、あるとかないとか言えるのか？」

「行動しないと、本当に成功できないのか」

「人は、何がどうなっていたら、自分を満たしていると感じるのか」

「やることや言うことが、ブレまくっていても、うまくいく人はいるのか」

など、どんどん問いが広がってきます。

それを書き出してみて、今自分が考えたいのはどれか決めてみましょう。その問いに沿って、自分の考えを深めていくのです。

たとえば、「出る杭は打たれる」「石橋を叩いて渡る」などの昔からよく言われている格言も、現代のビジネスシーンやコミュニケーションには、当てはまらないことがよくあります。

学校や会社にも、それぞれオリジナルのルールや、明文化されていないけどなんとなくみんなが従っている暗黙のルールもあります。

偉い人の言葉も、昔から言われていることも、「本当にそうか？」と問いを立てる。それが自分の頭で考えるということです。

ワーク

ネットで見つけた「誰かの意見」のうち、気になったものを1つピックアップします。自分なりの問いを作って、その問いに対して考えたことを書き出してみましょう。

今、ここで求められているのは本当に「意見」？

「意見を言えない」という悩みは多いですが、実は、求められているのは意見ではない、というシーンもよくあります。

たとえば、「A社との商談どうだった？」と先輩に聞かれたとき。

「いい感じでした！」は、ただの感想です。

相手が知りたいのは、実際には何があったか、という事実です。

実際に起きたことは、A社の担当Sさんが「3日以内に前向きに検討してお返事します」と言った、ということだったとしましょう。

それを（自分が勝手に）いい感じだ、と判断したということです。

◎ 事実と感想を分ける

時間をかけて答えられるなら、「自分はどう思ったか」＋「その根拠」という組み立てで意見を言えるといいでしょう。

パッと一言で答えるならば「3日以内に前向きに返事すると担当Sさんに言われました」と事実のみでOK。

この場合、相手が知りたいのは、あくまでも事実だからです。

同じく、「A社に出す企画書、どれくらい進んでる？」という質問に「間に合うと思います」「自分なりに進めてます」と答えるのは、ただの感想です。

「今日の15時には一旦仕上げて提出します」「構成はできたので、あとは文章とデータをはめていくだけで、2日あったら完成します」など客観的な事実ベースで答えるようにしましょう。

事実（客観）と感想（主観）を分けて考えることが、ビジネスにおいても、普段のコミュニケーションにおいても、トラブルや認識違いを防ぐ大事なポイントです。

ワーク

今日1日のできごとを「事実」と「感想」に分けて書き出してみましょう。

意見を否定されたとしても、自分は否定されない

自分の意見が言えない理由として、「意見を否定されたらどうしよう」「誰かに何か言われたらどうしよう」と不安に感じるから、という声もあります。

自分の考えや意見を否定されると、自分自身を否定されたように感じることが、あるかもしれません。

でも、「意見」が否定されようと、評価されようと、それで自分自身の価値が上がったり下がったりはしません。

「意見や考えが否定されても、自分自身は否定されていない」

そうやって、線を引いて別物だと分けられるようになると、意見を言うのが怖くなくなっていきます。

◎「自分の意見」はいつでも柔軟に更新できる

自分の意見は、あくまでも、「今、このとき、このタイミングで、この場面において、こう考える」というものに過ぎません。

次の瞬間に、人の意見を聞いたら、意見が変わることもあるかもしれないし、何か違う経験を積むことで、意見が深まっていくこともあるでしょう。

「自分の意見は、変わってもいい、柔軟性のあるものだ」とわかっていると、自分を否定してくる（ように見える）人に対して、「あなたの意見は、こうだから間違っている」と相手を論破しようとすることがなくなります。

「私の意見は、こうだから正しいんです！」

「意見」は切り離して考える、柔軟性のあるもの

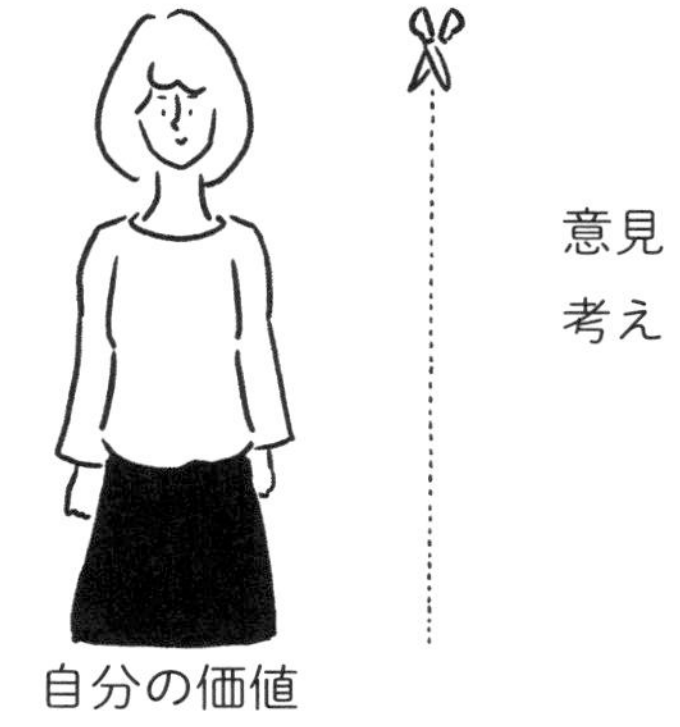

と自分を正当化することに躍起になったりする必要もなくなります。

意見というのは、「正しいか・間違っているか」というものではなく、他者の違う視点を入れることで、更新していく可能性を秘めたもの。

「これが私の意見です」は、あくまでも現時点においてのことで、一瞬先はわからないのです。

だからこそ、人と意見を交換する意味があり、知らないことを学ぶ楽しさがあり、言葉を尽くしてわかり合おうとすることに価値が生まれます。

ワーク

誰かの意見によって、自分の意見が変わった・更新された経験はありますか？
そのときの相手の意見と、自分が元々持っていた意見、そして更新された新しい意見を書き出してみましょう。

COLUMN

答えが出ないときは、結論を急がず、「保留」にしておく

自分の意見や考えを言葉にしようとしても、なかなか言葉にできなくて、迷ってしまうことはよくあります。

ずっと同じことを考えていると、視野が狭くなり、何がいいかもわからなくなってしまうのです。

そんなときは、**無理に結論を急がず、「保留しておく」こともアリです。**

一旦考えるのを止めて、頭の中の「保留フォルダ」に入れておくイメージです。すると、まったく関係ないところで聞いた話に意外なヒントがあったり、偶然入ったお店の商品名を見て何かが閃いたり、バラバラだった点が、一気につながっていったりするようなことが起きます。

すぐにまとめようとすることで、かえってよくない結果になることもあります。『ネガティブ・ケイパビリティ　答えの出ない事態に耐える力』という本で、「どうにも答えの出ない、どうにも対処しようのない事態に耐える能力」を表す、ネガティブ・ケイパビリティの重要性について、こう書かれています。

「分かった」つもりの理解が、ごく低い次元にとどまってしまい、より高い次元まで発展しないのです。まして理解が誤っていれば、悲劇はさらに深刻になります。

今、何を考えているか、明日何がしたいか、などは言葉にするのは難しくありません。でも、大きな仕事のコンセプトや、自分の根幹にかかわることを言葉にするのは、時間がかかるものです。

だからこそ、**急がないでください。**

そして、途中まで考えたことを、無かったことにせず、考えたところまでを書き出しておいて、保留の状態にしてください。

頭のどこかにずっと置いておくことで、アンテナが立ちます。それに関連した情報やキーワードに反応しやすい状態になるのです。

その場でうまく言葉にできなかったら、帰ってから、お風呂の中で思考を巡らせてみる。

あのとき言えなかったことを、ブログなどに書いてみる。

即座に出てきた言葉と、ゆっくり生み出された言葉、どちらの価値が高い、なんてことはないのです。

第1部

思い・考えをまとめる習慣

第3章 視点を育てる

この章を読む前に知っておきたいこと

自分なりの意見を持っている人は、ものごとを捉える「視点」がその人らしいものです。

この章では、意見を育む土台となる「視点」を育てる習慣を考えていきます。

自分の価値観をベースに視点を育んでいくために、「自分なりのテーマ」を言葉にしておくこともポイントです。

このテーマは、「今これを深めてみたい」と感じる「夏休みの自由研究」のようなもの。いくつかテーマを立ててもOKですし、取り組む期間も自由に決めてみてください。

自分なりのテーマを持って日々を過ごしていると、仕事や日常のささいなことに発見が生まれ、毎日がどんどん面白くなっていきます。

意見の土台に、視点、テーマ、価値観がある

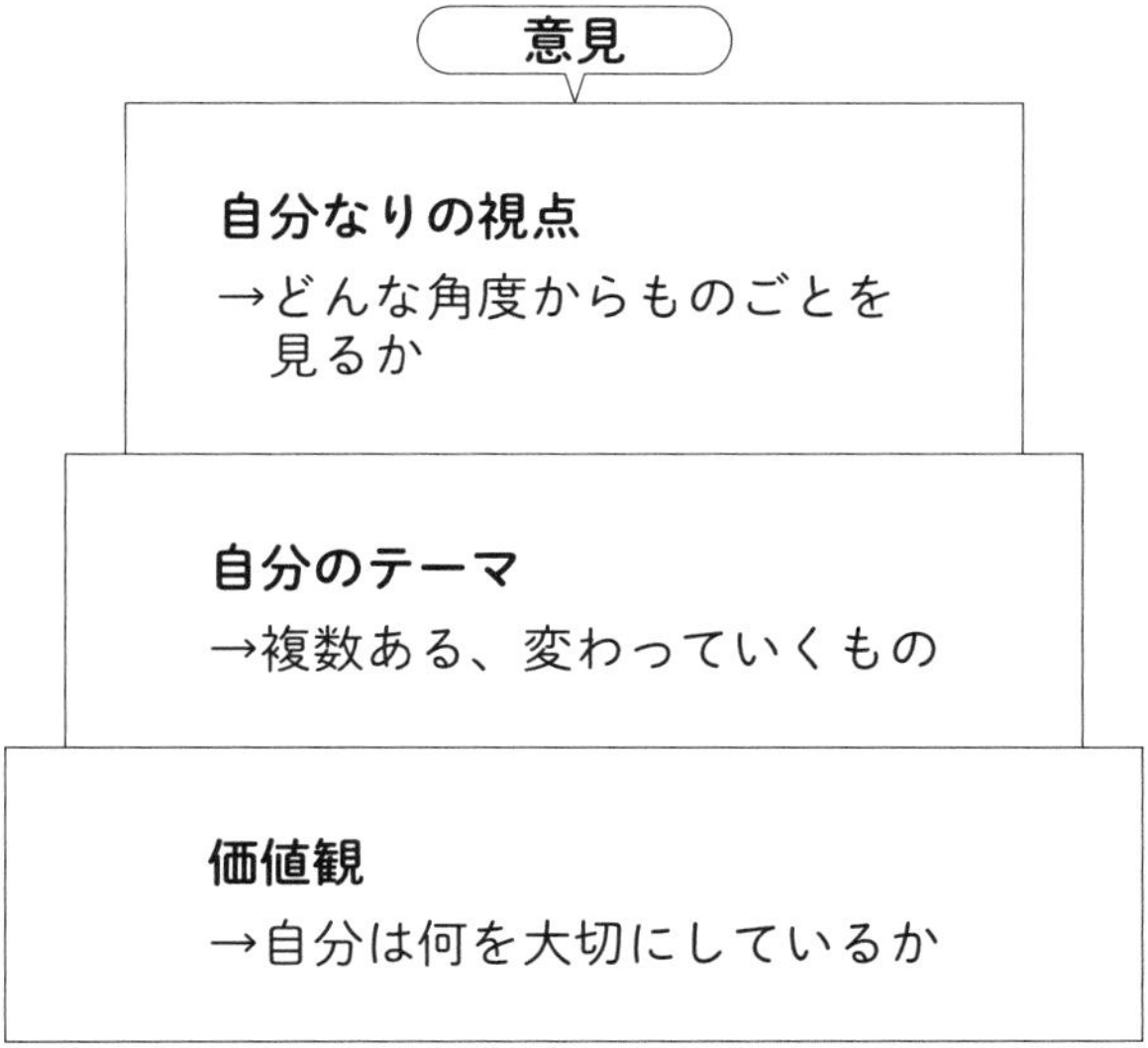
意見
自分なりの視点
→どんな角度からものごとを見るか
自分のテーマ
→複数ある、変わっていくもの
価値観
→自分は何を大切にしているか

ものごとを多面的に捉えるには？

意見を言葉にして伝えるには、自分なりの視点を持つことが大切です。**多面的な視点を持つことが、より根拠のある、深みのある意見を作るスタートになります。**

では、多面的な視点は、どうすれば身につくのでしょうか？

「多面的」というのはつまり、「Aとも言えるけど、見方を変えると、Bとも言える」というように、同じものごとでも、見る角度によって違うことを知って理解することです。

人は、誰しもが、自分なりの角度で、ものごとを見ています。

同じ景色を見ても、同じ場所で同じときを過ごしても、どう見るか、どう感じるか、どう受け取るかは、人によって違います。

そして、自分はずっと自分の視点で見ているので、人との違いには気づきにくいものです。

まずは「違う」「いろいろある」と知ることからはじめましょう。

◎すべてを理解しなくてもいい

異なる意見を知ったからと言って、すべてに同意する必要はありません。

「私はそう思わないけど、あなたはそう思うんだ」という捉え方でOKです。

何でもかんでも、人に合わせようとしていては、自分の意見は育たないからです。

養老孟司さんの著書『ものがわかるということ』には、「理解しなくても衝突しない方法」として、他人が自分を理解してくれない、あるいは他人のことがよくわからないと、多くの人が悩んでしまう理由が書かれていました。

なぜ、相手のことを理解しなければいけないのか。理解できなくても、衝突しなければいいだけです。

相手の言うことを一から十まで理解しなくたって、ぶつかることは避けられます。

（略）全部をわかろうとするから悩んでしまうのであって、大半はわからなくても当然と思えば楽になります。

相手の考えや意見のすべてを理解することはできなくても、いろんな考えの、いろんな立場の人がいることを知るだけで、自分の視点を広げていくことができます。

◎スマホの中にある情報は偏っている

講座の受講生さんたちに、「新聞やニュースなどは見ていますか？」と聞くと、「ネットニュースは見ている」「情報はＳＮＳで得ている」という答えが返ってきます。

スマホの中の情報は、自分用にカスタマイズされているものです。

検索履歴からおすすめのものが上位に表示され、ＳＮＳでは反応したものと似たような投稿が自動的に上がってきます。

スマホの中ばかり見ていると、偏った意見や情報にしか触れなくなるので、視野が狭くなっていきます。

なので、スマホの中にはない情報に意識して触れる必要があります。

◎ソースを確認して一次情報に当たる

ネットのニュースもＳＮＳの誰かの投稿も、よく読んでみると、「〜と聞いた」「〜と誰かが言っていた」と、転載や又聞きの情報が多いものです。

まず、**一次情報を確認する習慣をつけましょう。**

一次情報とは、直接の情報源から得られた元のデータや情報のことです。

その情報に信憑性はあるのか。

誰が、どんな目的で、なんのために発している意見や情報なのか。

誰かの意見の一部だけを切り取った見出しだけを見て、「そうなのか！」とわかった気にならず、情報の出所を確認してじっくり内容を確認する習慣をまずつけましょう。

◎1つの話題を様々な観点から見る

視点を育てるためには、1つの話題について、様々な観点から見てみることも大切です。

様々な観点を身につける方法として、ここでは4つ紹介します。

・学校の教科で考える

国語（コミュニケーションや文化理解）、算数（経済や論理的思考）、理科（環境やテクノロジー）、社会（人間関係や社会情勢、歴史）、音楽（トレンドや感動体験）、家庭科（自己管理やサステナビリティ）、保健体育（健康やメンタルヘルス）、と考えてみると、観点が思いつきやすいです。

・人の悩みを考える

人間の悩みは、人間関係、お金、仕事、健康、家族などに分類できます。

・新聞の「欄」にざっと目を通す

ニュースを読む習慣をつけると、「経済的に考えるとはこういうことか」「社会的に捉えるとはこういうことか」という今までになかった視点が自然と育っていきます。

新聞を毎日読むのは難しい、という人は一週間に一回でもコンビニで買ってみるとか、Podcastで新聞社が提供している音声ニュースを通勤途中に聞くのもおすすめです。

・大きめの書店の、普段は行かない「棚」の前に行く

大きめの書店は、本や雑誌が「棚」に分かれています。

普段は「ビジネス」とか「自己啓発」の棚ばかり見ている人は、まったく関係のない「趣味」や「実用」の棚の前に立ってみることをおすすめします。

普段は見ないジャンルのものに触れることで「自分ではない人たち」の興味や感情に触れる体験ができます。本のタイトルを眺めたり、目次を見たりするだけで、自分とは違う視点があることに気づけます。定額で雑誌が読み放題になるアプリも便利です。

ワーク

ネットニュースやSNSで見かけた、誰かの意見を1つピックアップし、次の内容を書き出してみましょう。

背景や目的はわからなければ、できる限り調べて、想像してみましょう。

・それは一次情報か？　一次情報ではないなら、どこに一次情報があるか？
・その人がその意見を言っている目的は？（なんのためにこう言っているの？）
・その人がその意見になった、背景は？（どんな経験をしてきたから、こう考えているの？）

価値観、興味、仕事をキーワード化する

自分なりの視点を持つには、自分が何に興味があり、どんな価値観を持っているのかを「キーワード」にしておくのがおすすめです。

「なんとなくこういうことかなぁ」と頭の中で思っているだけよりも、自分の興味・関心、専門領域が明確に言葉になっている方が、自分の言いたいことが整理しやすくなります。

人から見ても「このことなら、この人に聞いてみよう」という目印になるのです。

◎キーワードの書き出し方

価値観のキーワード

価値観とは、自分が何を大切にして生きたいかや、仕事をする上で大事にしていることです。書き出すのは単語でもいいし、短いフレーズでもOKです。

（p.91の「思いをたどる日記」で出てきたフレーズも、書いておきましょう）

例：誠実さ、家族の時間、変化を楽しむ、自由に生きる、健康、社会貢献

興味のキーワード

今、自分が興味を持っている分野や社会問題などを書き出してみましょう。

例：テクノロジー、アート、デザイン、料理、スポーツ（特定のスポーツ）、自然保護、異文化、言語

仕事（専門分野）のキーワード

自分の職業の特性や、得意分野、仕事でよく使う単語、お客様にとってのメリットなど。これからやりたい分野のキーワードでもＯＫです。

例：営業戦略、顧客サポート、チームワーク、リサーチ、交渉、プレゼン

キーワードを書き出しておくと、何かの情報に触れたときに、キーワードをもとに自分の視点からものごとを見られるようになります。

たとえば、日常のできごとを、そのまま書くだけでは、ただの日記ですが、それを「価値観」や「興味」「仕事」のキーワードにつなげて書くと、自分なりの視点の文章が書けるようになります。

日常のできごとを、「価値観」や「興味」「仕事」のキーワードにつなげる思考ができるようになると、今までは「興味ない」「わからない」「難しい」とスルーしてきたようなことにも、自分なりの意見を持つ足がかりができるようになるのです。

ワーク

歌詞が好きな曲を1つ挙げてください。
その歌詞のどんなところが好きか、誰かに話すように口にしてみてください。
自分が話したことの中から、キーワードを抜き出します。
それが価値観のキーワードになります。
職場のメンバーや友人とやってみるのも面白いです。

職業グセを面白がる

同じものごとを見ても、職業によって、視点が異なるのも面白いものです。

たとえば、いろんな職種の人と、イタリアンレストランへランチに行ったとします。コピーライターである私は、メニューの名前が気になります。オムライス、とだけ書いてあるのと、「ふわとろ卵のオムライス」だとどっちが美味しそうか、などをつい考えてしまうのです。

ピラティスのインストラクターをしている友人は、座っているお客さんたちの姿勢が気になったり、置いてある椅子の座り心地が気になったりするそうです。

◎日常を職業視点から見てみる

このように「つい」自分の専門分野からものごとを見てしまう、というのはどんな職業でもあるものです。

職業によって視点は違う

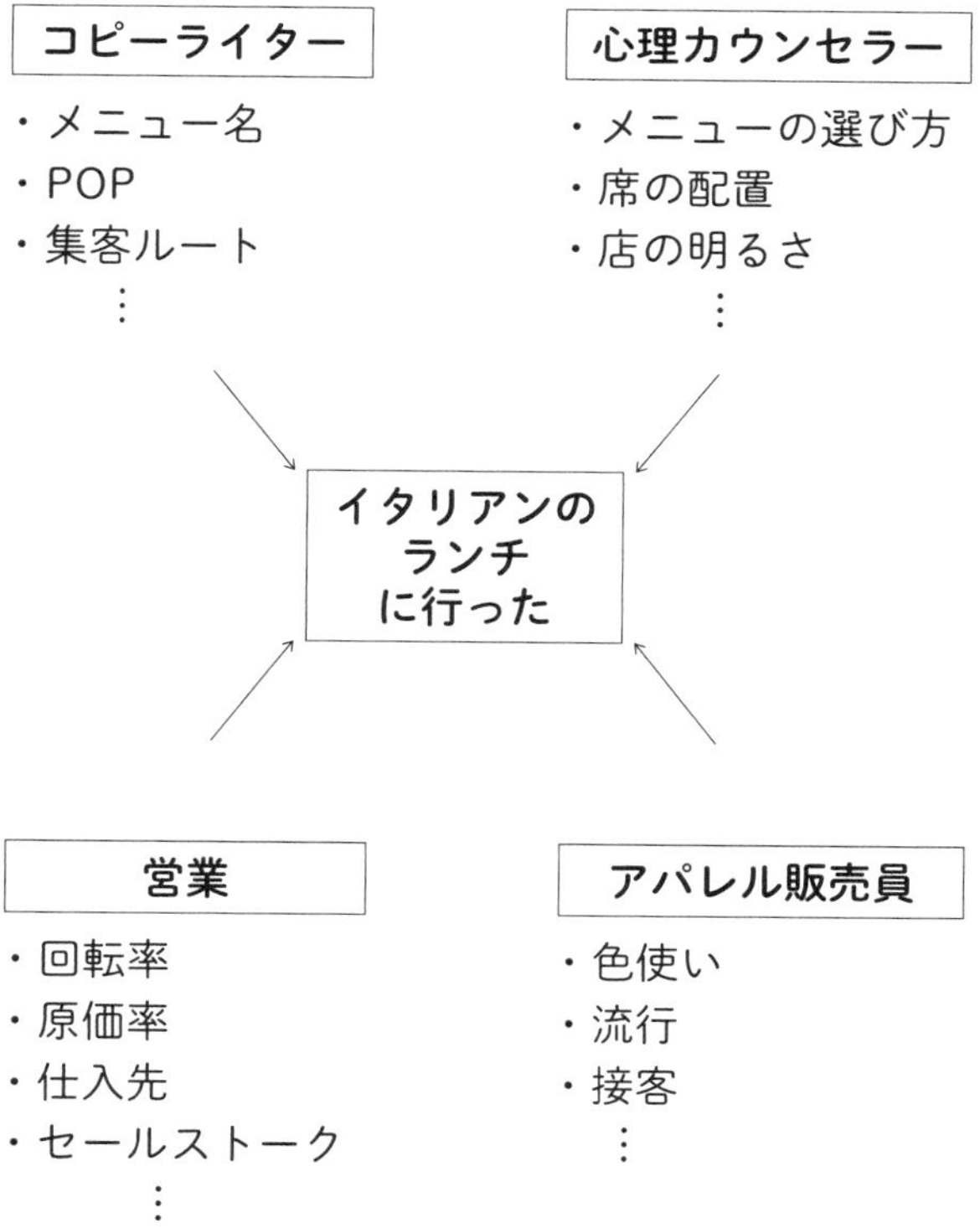

営業だったら、原価率が気になったり、回転率が気になったりするかもしれません。接客業なら、お店の人の挨拶の仕方や、待っている間にお客様に何かできないか、と考えることもあるでしょう。

人から「職業病じゃない？」と言われるようなことが、自分なりの面白い視点になるのです。

日常のできごとを、自分なりの職業視点で語れるようになると、聞き手が「この人の視点は面白い」「自分にはない視点で、視野を広げてくれた」と感じる話になっていきます。

ワーク

自分の中の職業グセを書き出してみましょう。
つい、こんなふうに見てしまう、ついこういうふうに考えてしまう、と感じることを具体的に書き出してみましょう。

自分なりの「テーマ」を立てる

自分なりの視点を持って問いを立てよう、と言っても、日々は忙しく、仕事に追われている現状ではなかなか難しいものです。

そこでおすすめなのが、「自分なりのテーマ」を立てることです。

人生のテーマ、のような壮大なものではなく、イメージは、「夏休みの自由研究」です。上司もクライアントも家族も、誰のことも気にせず、勝手に自分でテーマを決めてみてください。

たとえば、次のようなものです。

実験

・朝の挨拶を変えると、職場の空気はどう変わるか
・1ヶ月で、「気がきく人」になる

・単純作業をもっともミスなく進める方法を見つける

工作・作る

・自分史上最高のカレーを作る
・オリジナルのアイデアを生み出すテンプレートを作る
・休日に巡りたいカフェリストを作る

観察

・風景を写真に撮って、取るに足らないものの中に美学を見出す
・営業成績がいいメンバーの行動観察
・よく行くコンビニの商品陳列や人気商品の観察

調べる・学ぶ

・プレゼン上手になるコツを学ぶ
・まったく興味のなかったジャンルの本を月に1冊読む

・副業で成功している人のパターンを調べる

◎自然と小さな変化に気づけるように

子どもの頃の自由研究は、宿題としてやらされるものでした。

大人の自由研究は、誰かに評価されるものでも、点数をつけられたり、廊下に貼り出されたりするものでもありません。

あくまでも自分の感覚で「やりたい」「面白そう」と決めましょう。

短いスパンでできそうなことでもいいですし、半年や1年かけて取り組みたいことでもOK。

仕事で、プライベートで、趣味で、などいくつかのテーマを立てるのもいいでしょう。

こうやって、誰に頼まれたわけでもなく、お金になるかもわからないことに、夢中になれる気持ちを取り戻していくと、今まで「これはこういうものだ」「こうするしかない」と決めていたものに対する見え方が変わります。

たとえば、スマホではなく、わざわざカメラを持って近所を散歩して、取るに足らないものを写真に撮る、という自由研究をするとします。

そうしているうちに、何気ないもの、とくに意味のなさそうなものと思っていたものに対して、「こういう角度がキレイだな」「この光の当たり具合がなんかいいな」と感じるようになってきます。

すると、小さなことに気づく視点が、自然と磨かれていくのです。

誰かの小さな変化や、ささいな感情の動きに気を配れる人は、仕事でもうまくいく人です。

結果的に、お客様や周りの人の気持ちが理解できるようになり、顧客満足度が上がったり、チャンスが来たときにパッと動けるようになったりします。

この研究の面白いところは、「顧客の気持ちを理解できるようになりたい」というような明確な目的がなくても、何かに夢中になって取り組んでいるうちに、結果的に、意外な力がついたり、意外なつながりが生まれたりすることです。

大人になってからの自由研究をぜひ、日常の習慣にしてみてください。

ワーク

あなたの研究テーマを決めてみましょう。

・テーマ
・どんな方法で？
・いつからはじめる？
・テーマを考えている今は、どんな気分？

安心できる環境で、表現の練習をする

「自分の意見を言っても否定されるかもしれない、思いを伝えても、わかってもらえないかもしれない」

そう感じる方は、まず「自分の思いや考えを伝えて、人から受け入れられた」という経験が必要です。

・うまく言葉にできなかったけど、言ってみたら、わかってもらえた
・「あなたの気持ちはわかる」と共感してもらえた
・「あなたの話は面白い」「もっと聞かせて」と興味を持ってもらえた

そうやって「伝える」ことに対してのポジティブな反応を積み重ねていくことで、自分のことも、人のことも信頼できるようになっていきます。

◎まずは小さな範囲でOK

自分の意見が否定されず、思いを素直に伝え合えるような場はどこにあるでしょうか。

まずは、身近な友人関係や趣味の場、職場の中でも話しやすい人など、小さな範囲でOK。

そこで、いつもとはちょっと違う、「何かに対する意見」を言ってみましょう。ニュースを見て感じたことや、仕事や職場に対する自分の考えや思いを伝えてみるのです。

身近な人には言いにくい、と感じるのであれば、オンライン上にある学びの場や、コミュニティに参加するのもいいでしょう。

共通の目的を持った人たちが集まる学びの場では、職場や友人関係からは得られなかった新しい刺激があるはずです。

人と話したり、書いたものを読んでもらったりする中で、自分と意見の違う人を受け入れ、自分の意見も受け入れられる、という経験をしていくと、さらに外の世界に発信していくことも怖くなくなってきます。

そこから、ブログや、ＳＮＳや動画などで、自分の思いや意見を発信していくと、さらに今までは届かなかった人たちにも、伝わるようになっていきます。

ワーク

もし、何を言っても絶対に否定されない場があったとしたら、あなたはどんな意見を言ってみたいですか。
誰かに受け取ってもらえるとしたら、こんな意見を言ってみたい、と思いつくことを自由に書いてみましょう。

COLUMN

人の言葉に触れない時間が、自分の言葉を作る

自分の言葉を作る、というと、「たくさん本を読んだり、情報に触れたりして、言葉のインプットを増やさなきゃ」「語彙力をつけなきゃ」と思う人も多いかもしれません。

実は、自分の言葉を作るには、人の言葉から離れる時間が必要です。

つまり、**誰の言葉にも触れない孤独な時間**です。

SNSも、音楽も、本も、雑誌も、広告も、カフェで聞こえてくる誰かの会話も、全部「人の言葉」で溢れています。

人の言葉から離れる時間がないと、自分の考えが、自分の言葉でできているのか、どこかで誰かに聞いたことや、どこかで誰かが書いていたことなのか、わからなくなってしまうのです。

私は、毎朝30分、ノートを広げて、気になることを書き出す時間を持っています。今自分の頭の中にあること、なんとなく気になるフレーズ、思いついたことなどを、自由に書いていきます。

このときのポイントは、何か調べたくなったり、わからなくなっても、ググったり、SNSを開いたりしないこと。

わからないことは、わからないまま、そのまま置いておきます。

すると、そのことについて、脳のどこかでずっと考えているからか、自分なりの考えが作られていくのです。

本を読んだり、SNSを見たり、Podcastを聞いたり、誰かと雑談したり、飲み会に行ったりして、そこで人の言葉と出会い、触発されて自分の考えが生まれることも、深まることもあります。

でも、**それだけでは、自分の言葉は磨かれていかないのです。**

誰の言葉にも触れない、自分と自分の言葉だけの時間は、慣れないうちは、なんだかそわそわするものです。

すぐスマホを見て落ち着きたくなることもあるでしょう。

でもそこをグッと我慢して、スマホの電源を切って（または物理的に遠くに離して）自分の言葉だけの時間の中で、ノートを広げて言葉を書き出すのです。

そうした誰の言葉も入ってこない、孤独な、自分の言葉だけの時間をぜひ持ってみてください。

他人の言葉と、自分の言葉が、分けられていく感覚が持てるはずです。

第2部 相手に伝える習慣

第1章 伝わる言葉を作る

この章を読む前に知っておきたいこと

第1部では、自分の中にある思いや意見をどう作っていくか、そしてそのベースとなる視点の持ち方をお話ししてきました。

ここからは、「どうやって言葉にして伝えていくか」という実践的な部分です。

まず、思いや考えを一旦全部出して整理し、「自分が何を言いたいか」を言葉にしていきます。次に、「相手に伝わる言葉」にします。言いたいことをそのまま言うだけでは、相手は興味を持ってくれません。かといって相手に合わせるだけでは、自分の意見になりません。

「自分の言いたいこと」を言葉にした上で、「相手が知りたいこと」に変換していきましょう。

「伝わる」までのステップ

・思い・考えを一旦全部出す
↓
・何が言いたいかはっきりさせる

第1部

↓

・自分らしい言葉にする
↓
・相手に伝わる言葉に変換する

第2部

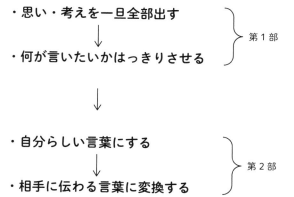

言語化は、片付けと同じ

自分の中に生まれた思いや考えは、どうやって言葉にして伝えていけばいいでしょうか。

言語化は、片付けに似ています。

第1部の第1章でもお伝えしたように、「何か言いたいことがある」「思っているけどうまく言葉にできない」状態は、大きな、何が入っているか自分でもわからない袋の中に、たくさんのことを詰め込んでいる状態です。

これは、引き出しの中に、服がぐちゃぐちゃに詰め込まれている状態とも同じです。

それを整理することをイメージしてみましょう。

◎伝えたいことを整理する方法

1、まず全部出す

片付けの鉄則は、全部出して見える化することです。

ぐちゃぐちゃに詰め込まれた引き出しを片付けるとしたら、中に入っているものを全部出します。Tシャツ、靴下、下着のパンツ、ジャージ、ズボン、雑多に入っているものを出し切るのです。

そして、その段階で、明らかに要らないもの（サイズが合わない服や、服と関係のないものなど）を省きます。

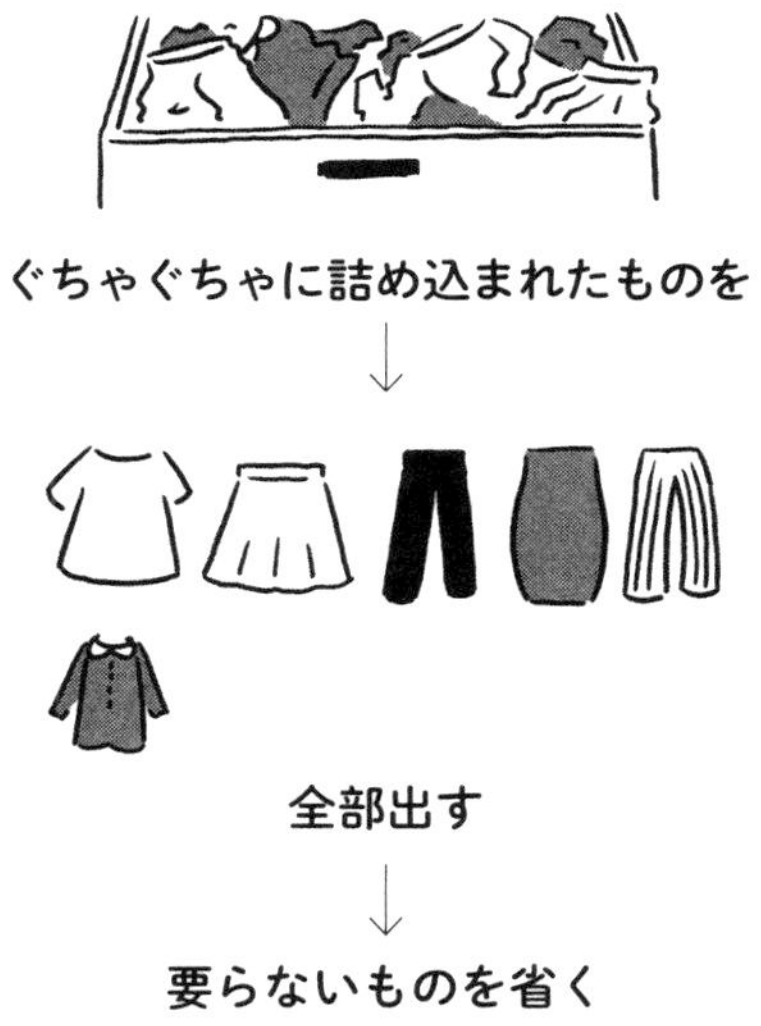
ぐちゃぐちゃに詰め込まれたものを
↓
全部出す
↓
要らないものを省く

言語化の場合も同じです。

たとえば、「自分を変えたい」と思ったとします。

「自分を変えたい」といくら思っても、具体的に何をするかが言葉にできていないと、何も変わりません。まずは「仕事で成功する」「新しい趣味をはじめる」などと具体化して、その「自分を変える」の袋の中に入っているものを全部出します。

その際に、紙に書き出すよりも、まず口に出してみるのがおすすめです。

書こうとすると、ついカッコいい言葉を考えたり、うまく書こうとして、本音から外れてしまいがちです。体の中から素直に出てくる言葉を口にしてみる、自分が口にした言葉をメモする、という流れがおすすめです。

メモを取るのは、ノートならなるべく大きめのものに自由に書きます。ふせんに1つずつ書き出していく方法も、後からグループ分けしやすいのでおすすめです。

とにかく、こんなことは関係ないのではないかとか、たいしたことではない、などは気にせず、ふわっとでも頭に浮かんだことを全部出していきましょう。

2、グルーピング（似ているものを集める、分類する）

次に、似ているものをグループに分けていきます。服の場合は、どれを同じ引き出しに入れるかを決める感じです。

「自分を変える」の中にあるものとして書き出したものを、似ているものごとにグルーピングしていきます。

【種類で分ける例】

・仕事
・プライベート
・新しい挑戦

【期間で分ける例】

・すぐできる
・1年以内にやりたい

・5年以内にやりたい

書き出した「具体」を並べて俯瞰してみて、どのように分けるのが最適か考えて、分類してみましょう。

3、選ぶ（除外と選別、追加）

次に、分けたものの中から、今、このテーマで必要なものと、不要なもの（後回しにしてもいいもの）を選びます。

「今回は、仕事のことに注力しよう」と決めたなら、それについてのみ考え、あとは横に置いておきます。

仕事、プライベート、新しい挑戦の3つを「自分を変える」に定義したい、と思ったならば、3つともを考えます。

そして、分類したそれぞれのグループにある項目を眺め、足りないものはないか不要なものが入っていないか、を検討します。

4、ラベル付け（名前をつける）

分類したそれぞれのグループに名前をつけていきます。
仕事に関するグループには、「シゴデキ計画」
プライベート、趣味に関することには「健康美100日プラン」
学びに関することには「小さな挑戦」というようなイメージです。

すると、「自分を変えたい」とだけ思っていたことが、「シゴデキ計画」「健康美100日プラン」「小さな挑戦」として、それぞれ何をしようと考えられるようになります。

言葉にすれば、相手にもわかるように伝えられます。

ワーク

うまく言葉にできない、と感じるテーマを1つ決めて、片付けに倣って、4ステップで言語化してみましょう。

はじめは「ヤバい」でいい

何かに気持ちが動いたとき、まず出る言葉は「ヤバい」だ、という人もいるでしょう。そんな言葉を使うな、もっと語彙力を増やせ、ということよりも、心が動いた言葉として、まず「ヤバい」を使うのはいいと思います。

何も感じないのではなく、自分はここに心が動かされた、と気づいているからです。

平安時代には、「いとをかし」という言葉がありました。

「趣がある、風情がある」ことを、「をかし」と表現していたのです。この言葉は、今の言葉で言うなら「めちゃヤバい」「エモ過ぎ」と同じでしょう。

だから、自分の中で、何かに対して「ヤバ」「エモ」と思ったら、感情が動いた証拠。そこから少し掘り下げてみましょう。

たとえば、枕草子の有名な一節。

夏は夜。月のころはさらなり、闇もなほ、蛍の多く飛び違ひたる。また、ただ一つ二つなど、ほのかにうち光りて行くも、をかし。雨など降るも、をかし。

現代語訳にすると、こんな感じです。

夏は、夜がすてきだ。月が出ていればもちろん、闇夜でも、ホタルがいっぱい飛び交っているようす。また、ほんの一つ二つ、ほのかに光っていくのもいい。雨の降るのも、また、いい。

（『枕草子　ビギナーズ・クラシックス　日本の古典』より）

つまり、**何がどんなふうに、趣があるのか、（ヤバいのか、エモいのか）を言えれば、自分の感性を伝えられるのです。**

ヤバい、エモい、と思ったら、感情の中には、具体的に何が入っているのか、具体化してみましょう。

たとえば、夏の夕方、仕事が終わって、駅からの帰り道、ふと見上げた空に「エモい」と感じたとしましょう。

「エモい」で終わらず、なんと言えるでしょうか。

「どこが一番」「なぜ」から考えてみましょう。

◎どこが一番？（THE MOST）

水色にオレンジ色が広がっていくような空の色の移り変わりが、エモかったのか。

それとも雲がぐんぐん流れていく様子に惹かれたのか。

忙しそうに歩いている人たちが、ふと足を止めて、空を見上げている様子が、気になったのか。

自分の琴線に触れたポイントを全部出してみて、そこから一番を1つ決めます。

◎なぜ、そう感じたのか？（WHY）

空を見てエモいと感じた気持ちは、どこからきたのか？

そこには、過去の経験や、自分の価値観が隠れているはずです。

中学生のときの部活帰りに、いつまでもレギュラーになれなくて悔しくて、とぼとぼ歩いていたときも、同じような空を見たなぁ、とか。

そういえば、最近忙しくて、空を見ることなんてなかったな。なのに、スマホの中では、空の写真を探したりしていたな。誰かが撮った写真よりも、今目の前にあるリアルな空の方がやっぱり好きだな、なのか。


今エモいと感じた感情が、どこからきたのかを感じて言葉にしてみます。

すると「さっきの空、エモかった！」で終わらずに、

仕事帰りに、駅を出て見上げた空がエモかった。水色に、オレンジ色がぐんぐんと広がっていて、映画を見ているみたいだった。ふと、中学のときに部活帰りに、見上げた空を思い出した。いつまでもレギュラーになれず、悔しくて、そんなときに空の大きなオレンジ色に励まされていたなぁ。私、今でも「負けたくない」って気持ちが

あるのかな。

と、「エモい」から出発して、自分の心の中を描写できるようになります。

ヤバいも、エモいも、それでいい。

そこから、「何が一番」と「なぜ（その気持ちはどこからきたか）」を探してみると、自分の体から出てきた、自分らしい言葉になっていきます。

ワーク

最近の、ヤバい、エモい、と感じたエピソードを思い出し、

1、何が一番、ヤバ（エモ）かったのか

2、そう感じた気持ちはどこからきたのか

を書き出してみましょう。

似ている言葉の違いに敏感になる

コミュニケーションがうまい人は、「言葉の使い方」が上手です。

それは単にたくさんの言葉を知っているのではなくて、似ている言葉をちゃんと使い分けているからです。


たとえば、目的と目標は何が違うのか。

カフェと喫茶店は何が違うのか。

思いと想いはどう使い分けるのか。

似ている言葉の違いに敏感になり、使い分けられるようになると、「そういうつもりで言ったんじゃない」「思ってもいなかった意味で取られた」ということが減ってきます。

また、相手の話を聞くときも、相手がその言葉をどういう意味で使っているかを確認しながら聞くことで、より深く話を理解できるようになります。

◎似ている言葉の違いを知る

まずは、自分が普段よく使っている言葉をピックアップしてみましょう。

仕事でもプライベートでも会話でよく出てくる言葉、資料によく書く言葉などでOKです。

「自分はよく『ロジック』とか『ロジカル』って言葉を使う」

「何かを褒めるとき『センスがいい』ってよく言うなぁ」など、自分が使う言葉を少し振り返ってみてください。


次に、その言葉の本来の意味を辞書で調べます。

お手元に辞書がある人は、その単語の意味を調べてみましょう。辞書がない人は、Googleなどで「〇〇　意味」と調べてみてください。

ちなみに「ロジック」の意味を明鏡国語辞典で調べると「①論理。論法」「②論理学」とあります。

そこから、その単語と似ている言葉をピックアップしていきます。

パッと思いつくならそれでOKですし、思いつかないなら、「〇〇　類語」で調べてみます。

「ロジック　類語」で検索すると、理屈　論法　辻褄　筋道　などが出てきます。

それぞれ少しずつ意味が違いますよね。

類語として出てきた言葉の意味をさらに調べて、自分がここで言いたかったのはどれに近いのかを考えてみましょう。

同じ言葉でも、文脈（そこまでの話の流れや、相手、立ち位置など）によって、意味が変わってきます。

たとえば、「今、この場合は」たくさんある類語の中でどの言葉に近いのかを考えてみると、自分が言いたかったことがより明確になります。

そして最後に、「類語の中でこれが一番近い」と決めたその言葉と、もともと使っていた言葉の違いを考えてみてください。

よく似た言葉の意味の違いが説明できるようになると、自分がもともと何を言いたかったのかが言葉にできるようになります。

◎相手が使っているニュアンスを確認する

相手が使っているニュアンスと、こちらが受け取ったニュアンスが違う、ということはよくあり、それがコミュニケーションのズレを引き起こすことがあります。

たとえば、資料をまとめるように上司に指示され、「なる早で仕上げて」と言われた場面。自分は「今週中かなー」と解釈していたら、相手は「今日中」だと思っていた、なんてことはよくあると思います。

「今日中」の定義も曖昧で、上司は「自分が16時には外出するからそれまでに出せ」という意味だと勝手に決めていて、指示された側は「自分が帰る時間（残業も込みで20時）までに仕上げて、明日の朝に見てもらえればいいか」と思っていたりすることもあるでしょう。

相手がその言葉をどういう意味で、どういう背景があって、相手にどうしてほしくて、使っているかは、確認しないとわかりません。

会話の中で、「今おっしゃった、○○って、こういう意味だと受け取ったんですけどそれであっていますか？」と確認をする習慣をつけてみてください。

それは相手にとっては失礼なことではなくて、相手もざっくりとしか捉えられていなかったことを確認できるので、ありがたいことなのです。

（ただし、相手がものすごく急いでいるときに聞くとイラっとされるかもしれませんし、相手が気持ちよく話している間に、いちいち確認すると、話の腰が折れるので、確認するタイミングが重要です。相手のタイミングを読むことも、「観察」によって培われる力です）。

ワーク

p.178で紹介したように、自分が普段よく使っている言葉をピックアップして、意味の似ている語との違いを説明してみましょう。

概念ではなく、エピソード・行動を伝える

「話が浅い」と思われてしまう人は、概念だけで上滑りの会話をしていることが多いです。

たとえば、「仕事でもっと成長したいんです」と後輩から相談されたとします。

そこで、「え？　成長なんて気にせず、自分らしくでいいんだよ」「成長するには、ビジョンを持つことだよ」など、フワッとした抽象的な返しをするとどうでしょう。

「なんかいいこと言ってそうだけど、結局何かわからない」「いい言葉かもしれないけど、何も行動につながらない」と思われてしまいます。

「仕事でもっと成長したい」と言われたら、「そう感じるのは、たとえばどういうとき？」とエピソードを聞いてみてください。

すると、「お客様に提案をするときに、あまりうまく伝わっていない気がする」と、

具体的なシーンが出てきます。これによって、「それなら、どうするか」と行動に対するアドバイスができます。

文章を書くときも、なんだかよさそうなキレイなフレーズをただつなげていくだけでは、下手なポエムみたいになってしまいます。

ポエムを書くことが求められている場面ならいいですが、ビジネスシーンでは求められるのは、ポエムではありません。

ふんわりとしたキレイな言葉を並べるのではなく、自分や相手の行動が変わるような言葉を意識しましょう。

◎「実際に何をするか」を言葉にする

たとえば、「共感される文章を書くコツ」として、「感情を込めて書きましょう、体重を乗せて書きましょう」と言われても、何をどうしていいかわかりません。

抽象的な言葉でふんわり伝えるのではなくて、実際に何をするかを伝えましょう。

「共感される文章を書くには、感情を表す直接表現（嬉しい、かなしいなど）を使わずに、嬉しかったシーンを具体的に書き出そう」と言われたら、実際にやることが明確なので、できたかできなかったかがはっきりします。

・仕事をもっとがんばろう
・自分を好きになろう
・気持ちを整えよう

こうした抽象的な言葉では、実際に何をしていいかわからないし、できたか／できていないかのチェックがつけられません。

ふんわりとした概念だけを書いていると、ふわふわとしたポエムのままです。それだと、相手に伝わらないだけでなく、自分でも何をしたいか掴めません。

何がどういう状態になったら、そうなったと言えるのか。
それを言葉にしていきましょう。

ワーク

あなたにとって「仕事をがんばる」とは具体的にどういうことですか。何が、どういう状態になっていたら、自分は「仕事をがんばった」と言えるのか、正解はないので、自分なりの答えをいくつか書き出してみましょう。

例：会議で、自分の意見や提案をはっきりと述べ、チーム内の議論をリードすること。

クライアントの要望を理解し、それに応えるプランを提案すること。

自分が言いたいことを、相手が知りたいことに変換する

自分では言いたいことが言えたと思っても、相手がぽかんとしていたり、伝えたのに反応がなかったり、相手が思い通りの行動をしてくれなくて失望した経験はないでしょうか。

「伝える」には、必ず相手がいます。自分が言いたいことを、そのまま言っていても、それで相手に届くか、それで相手の気持ちが動くかは別問題です。

大切なのは、「自分が言いたいこと」を「相手が今知りたいこと」に変換することです。ここでポイントなのは、まず「自分が言いたいこと」からスタートしていることです。

自分の言いたいことを相手が知りたいことに変換するとき、次の3つの方法を考えることがおすすめです。

1、変化（AがBになる）
2、ギャップ（○○ではなく、□□）
3、ワクワク（気分が上がるスイッチを押す）

1つずつ、具体例と一緒に見ていきましょう。

◎1、変化（AがBになる）

まず、相手が知りたいことは、「自分にとってどういいか」「それで自分がどうなるか」です。

たとえば、頭が痛くて、薬局に頭痛薬を買いに行ったときを想像してください。

店頭のPOPに、「雨や低気圧の日に、もうガマンしなくていい」「飲んだ翌朝の、ツラい頭痛が、スゥーッと軽く」と書いてあるとします。

「こんな人へ」と具体的に示されると、単に「頭痛に」とあるよりも、自分のことだ！と感じます。

変化というのは、必ず、「相手が求めている変化」である必要があります。

Aのビフォーには、相手が困っていること、悩んでいること、葛藤していること、不安なことなどを具体的に伝えます（相手の気持ちを想像するのが難しい人は、相手が今どんな状況にいるかを言葉にすればOK）。

そして、Bのアフターで、相手にとって、どうしても手に入れたい未来のイメージを伝えましょう。

◎ 2、ギャップ（○○ではなく、□□）

2つめは、「○○ではなく、□□」です。

企画を作るときも、商品・サービスのコンセプトを作るときも、既存のものやよくあるものと「何が違うのか」を的確に伝えることは必須です。

そのときのフレームが「○○ではなく、□□」です。

以前ラジオで、ある高級な干し柿について「柿というより、和菓子を食べるようにお召し上がりください」と紹介されていて、グッと心を掴まれました。

和菓子という言葉だけで、質が高そうなことも、しつこくない甘さも、しっとり感も、見た目の美しさも、一瞬でイメージが伝わります。

「干し柿の概念が変わる！」とか「こんな干し柿はじめて」などの伝え方では、具体的なイメージが何も伝わりません。

「○○ではなく、□□」を応用して、対句を作ることもおすすめです。

「仕事は、自分で作るもの」とだけ言うよりも、

「仕事はもらうものではない。自分で作るものだ」の方が、印象に残ります。

自分の主張を強めるために、逆のことを前半に持ってきて対比させる、言葉を強くするテクニックの1つです。

◎３、ワクワク（気分が上がるスイッチを押す）

相手が知りたいことの3つめは、「ワクワク（気分が上がるスイッチを押す）」です。変化や他との違いがわからなくても、何だかとにかく楽しそう、テンション上がる、すごく好みに合っている、などの理由で行動することは誰しもあるでしょう。

たとえばヨガ教室で、「ヨガは姿勢がよくなり、骨が正しいポジションになります、自律神経のバランスも整います」と説明されるよりも、次の言葉に惹かれる人もいるはずです。

・美肌になって春メイクが映える
・老け知らずボディになれる
・スーツが似合うカラダになろう
・仕事ができる人の週末ルーティン

何に惹かれるかは、相手によって異なりますがとにかく「なんか楽しそう！」「知りたい！」と気分が上がること自体が価値なのです。

あなたが今伝えたい相手は、何をどんな言葉で言えば、テンションが上がりそうですか。

それを掴むためには、第1部の第1章でお伝えした「観察」しかありません。

ワーク

自分の仕事や活動に関する「〇〇ではなく、□□」をできるだけたくさん書き出してみましょう。

頭で納得できる言葉、心でイメージできる言葉

言葉には、「頭で納得できる」ものと、「心でイメージできる」ものがあります。人を動かしたいときは、この2つをおさえて伝えることも大切です。

人が行動を止めるときは、次の2パターンに分けられます。

・やりたい気持ちはあるけど、別に今やる必要がない（感情は高まっているが、ロジックが伝わっていない）

・やった方がいいとはわかっているけれど、やる気がしない（ロジックはわかるが、感情が高まらない）

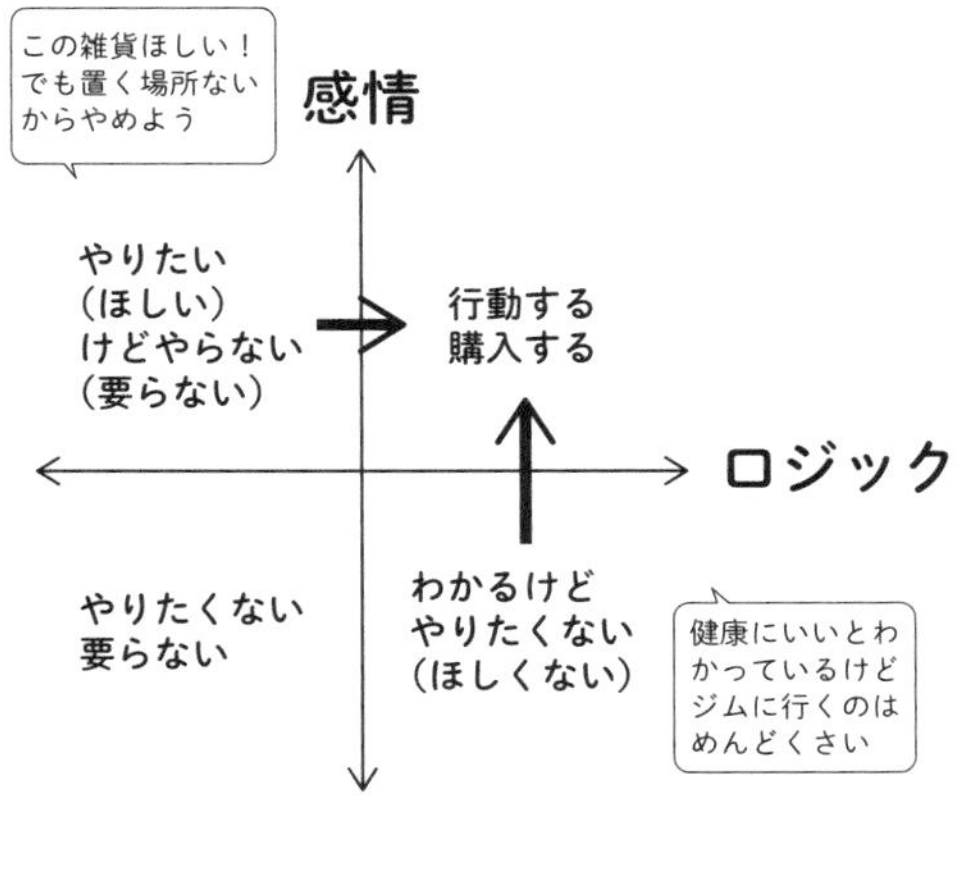

感情は高まっているが、ロジックが伝わっていないケースは、また今度でいいか、別に今じゃなくてもいい、どうせ自分には無理、他のものとの違いがわからない、などの理由で次のように行動しないパターンです。

・カッコいいジャケットを見つけたが、同じようなものを持っている(から買わない)。

・素敵なフレンチのお店を見つけたが、値段が高いし、着ていく服がない(から諦める)。

ロジックはわかるが、気持ちが高まらないケースは、めんどくさい、やる気がしない、それをやってどうなるの？　などの理由で次のように行動しないパターンです。

・健康のために運動した方がいいのはわかっているが、めんどくさい。
・専門分野の勉強をした方がいいのはわかっているが、やる気がしない。

◎足りないものに合わせて伝えることを変える

それぞれ、どういうことを伝えれば行動につながるでしょうか。

ロジックが足りない場合は、「必要性を伝える」ことです。

カッコいいジャケットを見つけたけれど、すでに同じようなものを持っているなと買わない人には、「定番のジャケットこそ、毎シーズン買い替えるといい理由」を伝える。素敵なお店だけど、値段が高いと二の足を踏んでいる人には、「高級なお店でもてなされる経験をすることで、社会人としての振る舞いに違いが出る」と伝えると行動が変わってくるかもしれません。

感情の高まりが足りない場合は、「今とつながる未来」を伝えることです。

「運動するのがめんどくさい」という人は運動不足のリスクや運動のメリットはもう十分にわかっています。でも、理屈はわかってもそれが今の自分とどう関係しているかが体感できないから、動けない。

それならば、運動をすること自体の楽しさ（快感）を伝えるか、運動習慣がある／ない場合の未来のリアルな姿を伝えるのがいいでしょう。

今から運動習慣をつけたらどうなるか／このまま運動しないでいるとこの先どうなってしまうのかを、相手がイメージできるように伝えてみましょう。

ワーク

運動習慣のない人に、運動を勧めるなら、どんな誘い方があるでしょうか。

相手のテンションが上がる、ワクワクした気持ちになるようなフレーズや、ハッとする気づきのあるフレーズを考えてみましょう。

自分ならこう誘われたい、というフレーズでもＯＫです。

キャッチーな言葉が飛び出す「メーメー大作戦」

「一言で短くズバッと伝えたい」「印象に残るキャッチーな言葉が書けるようになりたい」と思うならおすすめの方法があります。

「何にでも名前をつける＝命名する」方法、名付けて「**メーメー大作戦**」です。

次のような感じで、身の回りに溢れる名前のないものの、名前を考えていきます。

例①：冷蔵庫にあったものを炒めただけのおかず

そのまま言うと、「残り物炒め」ですが、それだとなんだか美味しくなさそうですよね。

「食品ロスをなくすためのＳＤＧｓ的な取り組みをしているんだ！」という意味を込めて「ＳＤＧｓ炒め」と呼べば、なんだかいいことをしている気分にもなれます。

例②：土曜の朝にオンラインで行う読書会の名前

「土曜朝オンライン読書会」だと普通すぎてテンションが上がりません。

読書に浸ることを沼にたとえて「本の森、読書の沼」という名前はどうか、土曜の読書会を縮めて「ドドク」と呼ぶのはどうだろう、と考えてみましょう。

日常のちょっとしたことや、小さなイベントにも名前をつける練習をしておくと、いざ、企画のタイトルをつけたり、イベントの名前を考えたりするときにキャッチーな言葉がポンポン飛び出すようになります。

◎ネーミングの3パターン

ここでは、今日からすぐできるネーミングのパターンを3つ紹介します。

1. 言い換える

他の言葉にしたり、英語や他言語にしたりします。ギャル語、方言などもありです。

2. たとえる（メタファー、連想）

「〇〇といえば何？」を考えていきます。「読書といったら、ハマる。ハマるといったら、沼」というように、連想ゲームをしながら、別のものにたとえてみましょう。

3．短縮する（ミスチル方式）

Mr.Childrenをミスチルというように、長いフレーズを短縮します。最近では「ドラマや映画のタイトル」も略すことを前提につけられていたりします。

ワーク

昨日の晩御飯に、オリジナルの名前をつけてみましょう。

______

すぐできる ネーミングのパターン

①言い換える

・残り物 → SDGs
・読書　→ 思考する

②たとえる（メタファー、連想）

・残り物 → 福
・読書　→ 沼

③短縮する（ミスチル方式）

・Mr.Children → ミスチル
・土曜の読書会 → ドドク

COLUMN

相手のことを考えるって、相手の顔色をうかがうこと？

伝えるために相手のことを考えよう、という話をすると、

「相手の顔色を見て行動しろってこと？」

「相手に合わせて、自分の意見をコロコロ変えるのですか？」

と聞かれることがあります。


「相手のことを考える」ことと、「相手の顔色をうかがう」ことは、大きく違います。

たとえば、友達が悲しんでいるのを見たとき。

どう声をかけるのがいいか考えることは、「相手のことを考える」ことです。

「相手の顔色をうかがう」というのは、他の人がどう感じるか、どんな反応をするか

を、すごく気にしながら行動することです。

たとえば、親が怒らないように、上司に迷惑をかけないように、と自分の行動や発言を変えるようなことです。

誰かの気持ちをあまりにも考えすぎたり、他の人がどう思うかで自分の意見を変えたりすることが多い人は、「相手の立場に立って考えている」というよりも「相手の顔色をうかがっている」のかもしれません。

「顔色をうかがう」と似た言葉に、「忖度」があります。

忖度とは、他の人がはっきりと言っていないけど、心の中で望んでいることを察してそれに合わせて行動することです。

たとえば、先生や上司、取引先のような立場の人が、実際には言っていないけど、何かを期待しているのを感じ取って、その人が好みそうな行動をすることです。

相手の暗黙の期待や願いを憶測して行動することは、とくに上司と部下、親と子、先生と生徒のような権力関係がある場合は、自由な意見を育む上での大きな壁になります。

顔色を気にしたり、忖度したりして、常に他者の期待を察して、それに合わせて行動するようになると、自分が何を感じ、何を思って、何を伝えたいのか、見失ってしまいます。

それでは、自分の意見は育たないし、自分の気持ちを押し殺して伝えるのを諦めてしまうことが続くと、生きていくことすらも苦しくなってしまいます。

まわりの視線が気になって、自分の意見が言えない、という人にこそ、この本でお伝えしている「自分の思いを言葉にする方法」を知っていただきたいのです。

第2部

相手に伝える習慣

第2章 惹かれる話を組み立てる

この章を読む前に知っておきたいこと

前章では、相手に伝わる言葉の作り方をお話ししました。この章では、言葉をどう並べて、文章やトークにするのかをお伝えしていきます。

ポイントは、「言葉が自分らしければ、流れはテンプレでいい」ということです。話の組み立てには、パターンがあります。

これまでお話ししてきたことの中で作ってきた、自分の体から出てきた体温のある言葉を、相手が知りたいことに変換して、伝わるテンプレにはめていけばＯＫです。

文章でもトークでも、伝えるときは、「相手（誰に）」「目的（なんのために伝えるのか）」「ゴール（どんな気持ちになって、どんな行動をしてほしいか）」を決めておきましょう。伝える内容に迷ったら、この３つに立ち返ることが大事です。

伝える前に決めておくこと

相　手	× 20代男性 ○ 入社2～4年目で自分の思いが言葉にできない人
目　的	・商品・サービスの購入 ・承認／意思決定 ・ブログの収益化
ゴール	・「今すぐ必要だ」と思ってその場で購入してほしい

「相手が今、何を一番知りたいか」を考える

話をうまくまとめるのが苦手、相手に伝わるように書くのが苦手、という人は、多くの場合「まとめようとしすぎ」です。

「結論から話せ」「話をまとめてから話して」と言われがちな人は、結論を探そうとするよりも、どの順番で話せば相手に伝わりやすいかを考えていきましょう。

「自分が言いたいことを、うまくまとめる」のではなくて、「相手が知りたい順番に、持ち玉を出していく」感覚です。

たとえば、商品の魅力をお客様に伝える際、「この商品の魅力って、つまり何だろう」「要するにどう伝えればいいだろう」と考えても漠然とした答えしか出てきません。それよりも、「この人に伝えるなら、興味を持たれそうなこの話をしよう」と順番をつけて、話していけばＯＫです。

◎相手のタイプに合わせて、話す内容を変える

人はそれぞれ違う視点でものごとを捉えています。同じできごとでも、重要視することが違うのです。ここでは、次の４タイプに分けて考えてみましょう。

・感情を重視するタイプ（個人の内側）
・周りの意見を重視するタイプ（集団の内側）
・論理を重視するタイプ（集団の外側）
・行動を重視するタイプ（個人の外側）

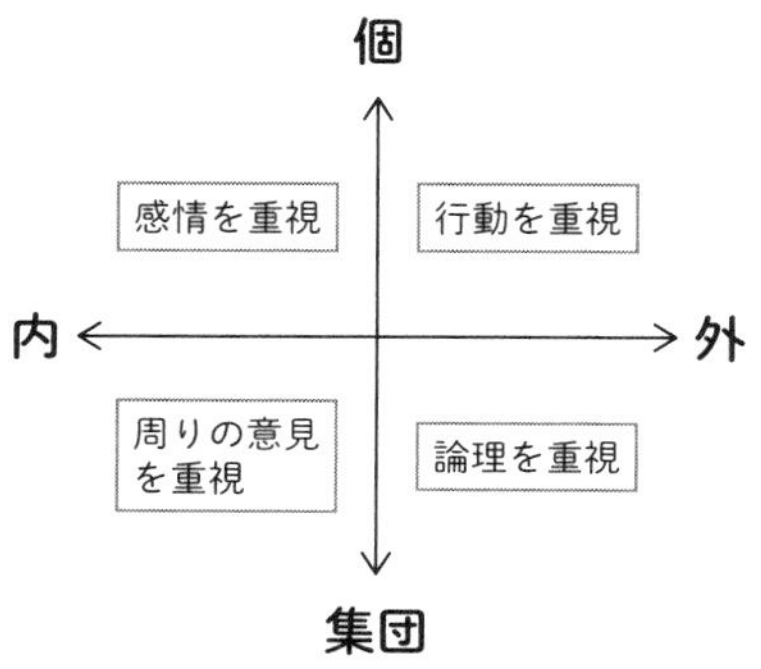

・感情を重視するタイプ

「自分がどう思っているか（自分の感覚）」を大切にする人です。「まとまっていなくてもいいから気持ちを聞かせて」と言うと、話してもらいやすくなります。

本音、感覚、心地よさ、楽しい予感、美意識、世界観などの言葉が響きます。

・周りの意見（権威）を重視するタイプ

権威のある人の意見や、上司や会社の方針などを大切にするタイプの人です。コミュニティのルールや文化、暗黙の了解などを大事にします。

「挑戦すること」や「周りと違うやり方」は不安に感じます。

みんなの意見、お墨付き、伝統、トレンド1位、などの言葉が響きます。

・論理を重視するタイプ

「理屈が合っているか」「整合性があるか」「一貫性があるか」などを大切にする人です。「ポイントは3つあります」「メリットは〜です」と言い切ると、納得してもらいやすくなります。

メリット、効率、データ、最適化、問題解決、客観性、仕組み化、などの言葉が響きます。

・行動を重視するタイプ

「実行できているか」「成長しているか」「スキルや能力の向上」などを大切にする人です。「動きながら考えよう」というアプローチが効果的です。

行動、チャレンジ、成長、体験、能力、スキル、才能、リスクを取る、などの言葉が響きます。

このタイプ分けは、ビシッと線が引けるものではなく、あくまでも相対的なものです。たとえば仕事では論理的な人が、家庭では感情を大事にしていることもあります。

状況に合わせて、相手がどんな言葉にピンとくるのか、グッとくるのかがわかれば、そのフレーズをトークや文章の中に入れると伝わりやすくなります。

複数人と話す場合、文章で不特定多数の人に伝える場合などは、とくに伝えたい相手は、どういうタイプの人かで伝える内容の優先順位をつけていきましょう。

ワーク

上司に業務改善プランを出すとします。
上司のタイプがどれに近いかを決めて、どんな言葉で伝えれば意見が通りそうか書き出してみましょう。

まずはざっくり伝えてから、詳細を伝える

話がわかりにくい人は、いきなり細かいところから話し出すことが多いです。

丁寧に細部を伝えても、相手は「いきなり何の話がはじまった？」と戸惑ってしまいます。


わかりやすく伝える＝細部を丁寧に語る、ではありません。

まずは、**全体像を伝えてから、詳細を伝えるようにしましょう。**

最初に全体像を伝えることで、読者（聞き手）は、詳細な内容も読もう（聞こう）とする準備ができます。

◎「全体像↓詳細」の例

たとえば、新規事業の企画書を作るとき。

次のように、全体像→詳細の順番にすると、相手に内容が伝わりやすくなります。

①全体像：プロジェクト全体の目標や全体のビジョン

②詳細：具体的な戦略や実行ステップ、予算やスケジュール

商品やサービスの説明をするときも同じです。

いきなり商品の詳細を話すのではなく、まずはどういうものなのかを伝えた後で、次のように詳細に入ります。

①全体像：どんな人に役立つ、どういうものなのか

②詳細：商品を使うとどうなるか、商品特徴（3つにしぼると記憶に残りやすい）、お客様の声、商品の使い方

いきなり詳細を伝えず、まずはざっくりと概略を伝える。

それを意識するだけで、「ごめん、今何の話してるの？」と聞き返されることがなくなるはずです。

ワーク

あなたが今悩んでいるのは、「ざっくり言うと」どんなことですか？
20文字以内で書き出してみましょう。

相手に合わせて濃度を変える

同じ内容を話す場合でも、相手の理解度や興味の度合いによって、言葉選びも、伝える順番も変わります。

たとえば、自分がすごく好きなアイドルグループについて語るとき、誰に話すのが簡単そうでしょうか。

・そのグループについて少し知っている人
・自分と同じぐらいの熱量のファン
・知識が豊富で、ファンの間でも有名なファン
・グループを知らない、アイドルにも興味がない人

自分と同じくらいの熱量のファンなら、「昨日のライブ配信、ヤバかったよね！」で伝わります。

でも、グループを知らない人に伝えたいならば、「私の好きな○○というグループが、昨夜インスタライブをしていて、その内容が最高だった」と説明する必要があります。いきなり魅力を熱く語り出したら、「いきなりなんだ」とビックリされるかもしれません。

◎原液を何%で出したらいいか？

相手がどこまで知っているか、興味があるかで、話の濃さを調整すると、話が伝わりやすくなります。

話の濃さを、カルピスのような希釈して飲むドリンクでイメージしてみてください。

自分と同じ熱量のファンなら、ドロリとした原液のままでもOKでしょう。

少しわかってくれそうな相手には、原液を少しだけ薄めてみましょう。

相手がアイドルには興味がなくスポーツチームのファンならば、炭酸で割ってソーダにするように、別の話（この場合は炭酸＝スポーツ）で薄めた話をする、といったイメージです。

ワーク

あなたの好きな人やもの、応援したいグループやキャラクター、人に勧めたい商品などを何か1つ挙げてください。
それについて、よく知らない人に、「いちばんの魅力」を1つ語るとしたら、何をどう伝えますか。書き出してみましょう。

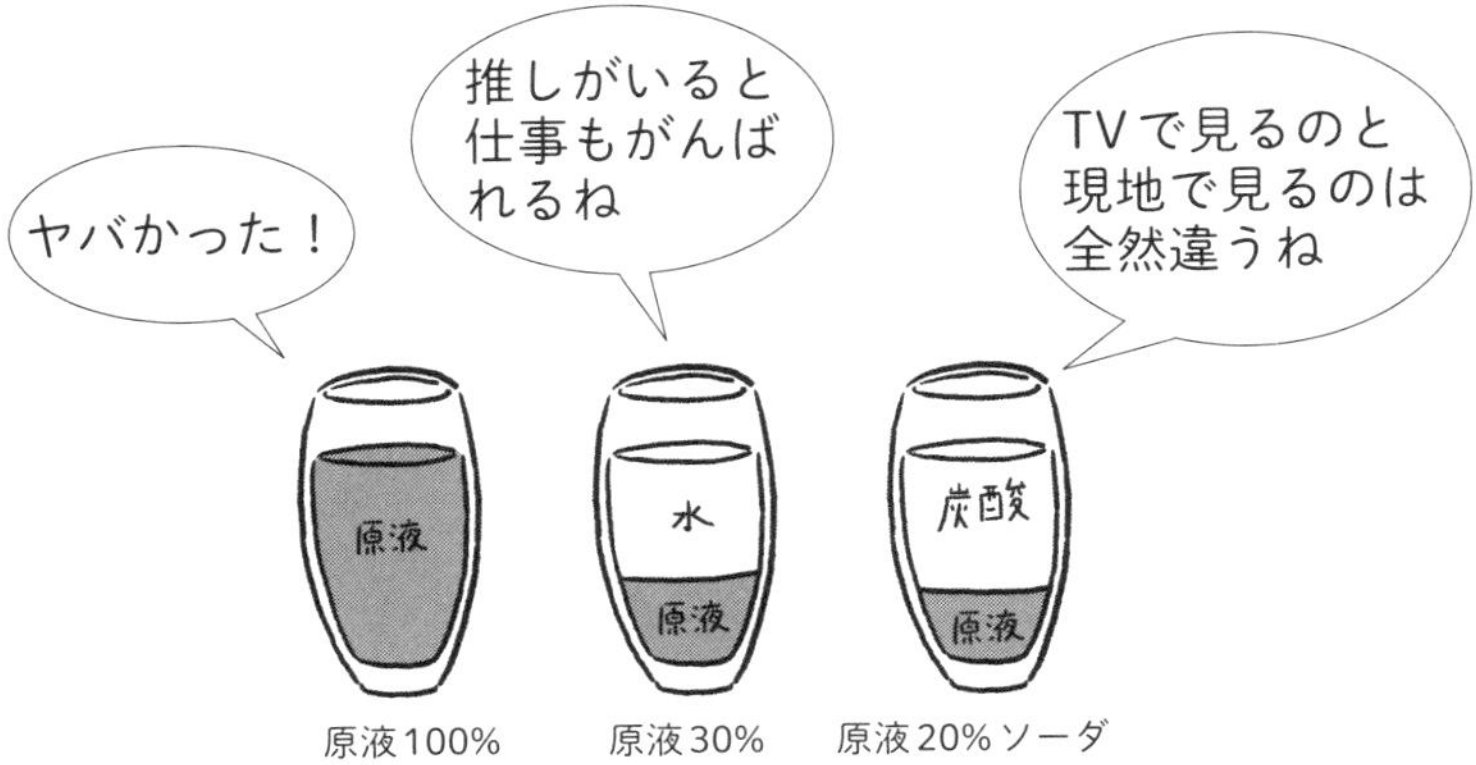
ヤバかった！
推しがいると仕事もがんばれるね
TVで見るのと現地で見るのは全然違うね
原液
水
原液
炭酸
原液
原液100%
原液30%
原液20%ソーダ

正しく伝えることをゴールにしない

意見が違っているとき、どちらが「正しいか」を競い合っても、話は前に進みません。お互いに自分の言っていること、自分が見えている世界が「正しい」「それが当たりまえ」と思っているからです。

自分の意見は、あくまでも自分の主観的な考えであるとわかるように伝える必要があります。

私はこう思う、これは私の考えです、と自分を主語にして語るのです。

「朝ごはんは、ご飯か、パンか」論争をイメージしてみてください。

友達同士の会話なら、好みが違っても「価値観の違いだね」で話が終わりますが、一緒に住んでいる家族で、朝ごはんを同じメニューにしたい場合は、すり合わせが必要です。

どちらかに決めないといけない場合は、お互いの主張の中にある「共通点」を見つけて、「違い」を具体化していきます。

そこから、勝ち負けではなく、結果的にお互いが幸せになる着地点を見つけるのです。

具体的には、なぜそれがいいのか、なぜそれが嫌なのかを言葉にしていくと、お互いの妥協点が見つかる場合があります。

たとえば、パン派は、「手軽に済ませたい」「食事時にコーヒーが飲みたい」、ご飯派は、「腹持ちがいい」「あったかい汁物がほしい」などが理由に挙がったとしましょう。

お互いに、「手軽で、ある程度体にいいもの」を求めているという共通点がわかれば、それをベースにして細かいことを決めていけばいいのです。

ご飯食は何かおかずを作らないといけないのが手間ならば、ご飯のお供になるような常備菜を置いておけば作る手間がいらないとか、コーヒーは食事時よりも、就業前のタイミングの方が気分の切り替えになるかもしれないとか、いろんなアイデアが出てきます。

ご飯かパンかの2択ではなく、平日と週末に分けるとか、作る人がメニューを決める権限を持つようにしよう、と決めることもできるでしょう。

いずれにしても、

「自分の主張は、それが相手にとっても真実であるわけではなく、相手には相手の考えや正しさがある」

「お互いが自分の思う正しさを主張しあうのではなく、相手の正しさを想像する」

これが大事なのです。

◎してほしい行動を、具体的に伝える

伝える目的が、相手に動いてほしい、行動してほしいということであれば、「正しい情報」を伝えるだけでは足りません。

たとえば、同居している家族に「明日ゴミの日だよ」と言ったとします。

伝えている側は、（だからゴミ捨てお願いね）とか（自分のゴミぐらい自分で捨ててね）という気持ちを込めていたとしても、言われた側には「明日がゴミの日だ」という事実しか伝わりません。

察しのいい人なら、「あ、ゴミを捨ててと言われているのか」と気づくかもしれませんが、常に相手にそれを期待してわかってくれというのは難しいものです。

人によっては、「あなた、いつもゴミ捨ててないよね」と嫌味を言われた、怒られた、と感じる人だっているかもしれません。

つまり、**相手によって、タイミングや言い方によっても、受け取り方が変わるのです。**

相手が察してくれるのを待つのではなく、してほしい行動を次のように言葉にして伝えましょう。

「明日はゴミの日だから、キッチンのゴミをまとめて、8時半までにゴミ捨て場に出してね」

たとえば、メールで会議について参加者に連絡するとします。

「会議のアジェンダを添付します。よろしくお願いします」とだけ書いても、相手は何をどうしていいかわかりません。

事前に目を通しておく必要があるのか、気になることがあるなら伝えた方がいいのか、内容について自分の意見をまとめておいた方がいいのか。

そんなこと言わなくてもわかってよ、当たり前でしょ、と思ったとしても、その「当たり前」が人それぞれ違うのです。

「会議のアジェンダを添付します。必ず目を通していただき、質問があれば○日の17時までにこのメールに返信をください。また、議題1について、各自考えをまとめておいてください」と書いておけば、何をすればいいかが明白です。

ワーク

この後、誰かにお願いや連絡をする際、「相手にしてほしい行動」について「当たり前でしょ」と思うことも具体的に伝えてみましょう。

感情を伝える「テンプレ」

わかりやすい文章やトークには流れがあります。

使う言葉が、自分の中から生まれてきた熱量のある言葉であれば、話の流れはテンプレでいいのです。

これまで見てきたように、伝え方は大きく分けて2つです。この2つのテンプレを順番に見てみましょう。

・感情を動かすように伝える（エモ）
・ロジカルに伝える（ロジ）

◎エモは、エピソードを「新・起承転結」で伝える

起承転結という文章の書き方を、一度は聞いたことがある方は多いでしょう。

ここで提案する起承転結は、次の流れです。名付けて「新・起承転結」です。

できごと **エピソード** **仕事（または価値観）** **行動**

単にできごとを書くだけなら日記で終わります。エピソードを仕事や価値観につなげることで、話が深まり、読者（聞き手）にとって面白い話になります。

p．145で書き出した「仕事（専門分野）のキーワード」「価値観のキーワード」を使って、最近のできごとにつなげる文章を書いてみましょう。たとえば、アパレルのショップ店員のSNSなら、このように「日常のできごとを価値観につなげる」ことができます。

夏のアイテムが店頭に並びはじめました。《できごと》
お客様から、夏のお出かけの予定や、お仕事でど

新・起承転結

起　**できごと**

承　**エピソード**　できごとの詳細・思ったこと

転　**仕事（または価値観）**

結　**行動**　相手にしてほしいこと

んなときに着るかなどをお聞きしてアイテムをご提案するのが、この仕事の面白さです。《エピソード》

服は、今の自分に似合うことも大事だけれど、「少し先の憧れの自分」になったつもりで選ぶのがおすすめです。はじめはくすぐったくても、そのアイテムが自分に自信をくれるようになります。体に馴染む頃には、すっかり憧れていた自分になっているのです。《大切にしている価値観》

似合う服がわからない、流行の取り入れ方に迷うという方は、ぜひ、（ブランド名）〇〇店にお越しください。《相手にしてほしい行動》

単に服の紹介をしたり、セール情報を発信したりするだけじゃなく、ショップの中の人が、何を大事にして接客しているか、ファッションのどういうところを大切に思っているかが伝わると、お店やブランド、その店員さんに対する共感や信頼が生まれます。

ワーク

最近あったできごとを、自分の仕事か価値観につなげて書いてみましょう。

p. 145で書き出したキーワードを参考にしてみてください。

ロジカルに伝える「テンプレ」

ロジカルな伝え方は、文章だけではなく、プレゼンやセールストークなど話す場面でも使えます。

次の4パターンを覚えておけばOKです。

イメージが湧きやすいように、ここではサンドイッチにたとえて紹介します。

パンの部分＝主張、具材＝その他とイメージして、図と一緒に読んでみてください。

◎4つの「サンドイッチ」を押さえる

①「基本」のサンドイッチ型

主張（思い、意見）をまず示し、理由や具体例を挟んで、最後にもう一度主張を伝えます。

主張 自信を持って話すには、口角を上げてにっこりスマイルを意識しましょう。

理由 なぜなら、自分が笑顔になれば、相手も笑顔になり、その場の雰囲気が和らぐからです。

具体例 たとえば、プレゼン前に緊張したら、鏡の前で「いー」「えー」と声に出しながら笑顔を作ってみてください。

主張 自信がないときこそ、まずは笑顔になること。それだけで自信があるように見えます。

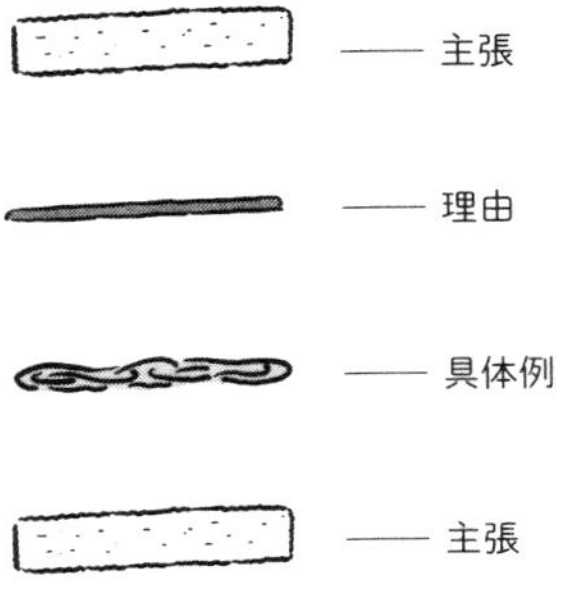

①基本

②「説得力を出したいとき」のボリュームサンド型

①の型に、「ツッコミ」と「ツッコミに対する反論」を入れることで、より説得力が出て、「そこまで考えているのか」と信頼を得ることにもつながります。

主張 自信を持って話すには、口角を上げてにっこりスマイルを意識しましょう。

理由 なぜなら、自分が笑顔になれば、相手も笑顔になり、その場の雰囲気が和らぐからです。

具体例 たとえば、プレゼン前に緊張したら、鏡の前で「いー」「えー」と声に出しながら笑顔を作ってみてください。

ツッコミ もちろん、見た目よりも「話す内容」じゃない？　話す内容を考えるのが大事なんじゃないの、という声もあります。

ツッコミに対する反論 でも、話す際に、人の印象を決めるのは、話の内容が7％、声の大きさやトーンが38％、見た目の印象が55％という説があります。話す内容に注目してもらうためにも、まずは、姿勢や笑顔などの印象と声のトーンが大事なのです。

主張 自信がないときこそ、まずは笑顔になることが大切です。それだけで自信があるように見えます。

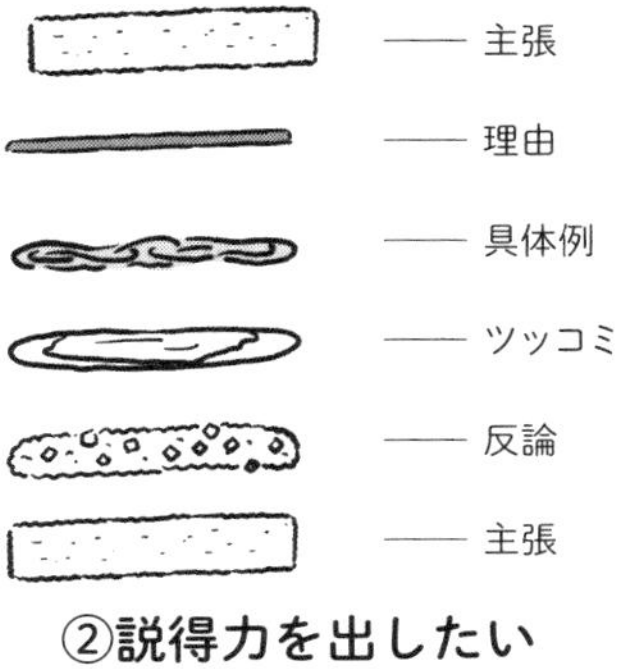

②説得力を出したい

③「伝えたいことが多いとき」のオープンサンド型

言いたいことがたくさんある場合は、まず数字から伝えましょう。

テーマ 伝わる話し方のポイントは、

数 3つあります。笑顔、言葉選び、相手への興味です。

理由 大事なのは、自分がどう思われるかではなく、相手のことを思って、相手に何をプレゼントできるかを考えることです。

具体例 たとえば、初対面の人でも、この人のことをもっと知りたいと思って話を聞けば、自然と笑顔になれるし、相手にわかりやすい言葉を選ぶようになります。

主張 話し方に自信がないときこそ、笑顔で相手に興味を持つこと。自分ではなく相手に矢印を向ければ、どんな言葉で伝えればいいかが見えてきます。

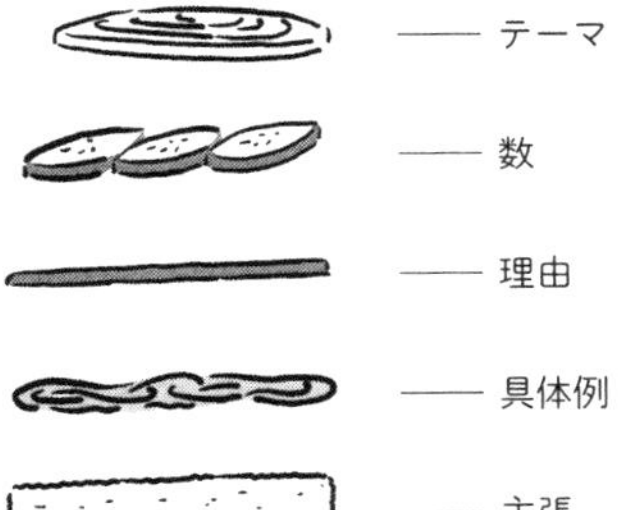

③伝えたいことが多い

言いたいことがたくさんあっても、強制的に3つに絞るのがおすすめです。
無理にでも3つに整理することで、伝える側の頭の中も整理されます。

④「興味を持ってもらいたいとき」のオープンサンド型

これは、そのテーマについてあまり関心がない人にも興味を持って読んでもらうためのテンプレです。

興味のない人にも伝えるには、問題提起を最初にして、主張を最後に持ってくるこの型が有効です。

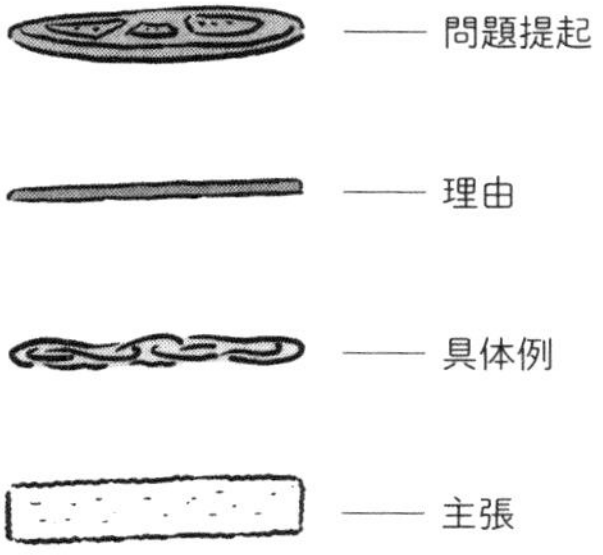

④興味を持ってもらいたい

問題提起　社内や社外へのプレゼンで、準備は完璧だったのに、なぜかうまく伝わらなかった、と感じたことはありませんか。

理由　それは、話の内容ではなく、声のトーンや表情が暗かったからかもしれません。人は緊張すると、声が小さくなって早口になる上に、顔もこわばって無表情になりがちです。

それではせっかくの内容も、自信がなさそう、やる気がなさそうと思われてしまいます。

具体例 たとえば、プレゼンの際は、資料やパソコンばかりを見ずに、ここぞという決め台詞のときには、顔を上げて背中をビシッと伸ばしてゆっくり話してみてください。それだけで印象が変わり、この人に任せたい、この人と仕事がしたいと思われるようになるでしょう。

主張 もっと契約が取れるトークがしたい、プレゼンの成功率を上げたい、と思うなら、声の印象を変えましょう。

ワーク

何か1つテーマを決めて、4パターンのどれかを使って文章を作ってみましょう。

グッとくる書き出しのパターン

文章を書くときは、書き出しに悩むものです。

1行目が面白くないと、2行目を読んでもらえることはありません。

1行目でグッと気持ちを掴むことは大事です。

でも、文章は何も1行目から書かないといけないルールがあるわけではありません。

私はいつも、書き出しは（仮）で書いておいて、最後に変えています。書き出しは、とりあえず書いておいて、後から修正すればOKです。

「私は」「弊社は」「今日は」などのありきたりな言葉からはじめないと決めるだけでも印象が変わります。

ここでは、書き出しのパターンをいくつか紹介します。

◎ありきたりじゃなくなる6つの書き出し

1、結論からはじめる　「仕事ができる人は、感情コントロール力が高い」

結論（一番言いたいこと）を頭に持ってくるパターンです。今からなんの話がはじまるのかわかりやすいので、読み手のストレスが減ります。

2、疑問文、問い　「肌がきれいな人は、寝る前に何をしているのか」

おっ、なんだろうと読者の興味を惹けるのがこの書き出しです。

このとき、「あなたは〜していませんか」「いつも〜していませんか」「まだ〜している人はいませんか」など、責めるニュアンスがある疑問文を連発すると、読者は余計なお世話に感じたり、怒られているようで苦しくなったりするので、注意が必要です。

3、セリフ　「とにかくすごいことが起きた」

実際のセリフや脳内に浮かんだセリフから書き出すパターンです。

4、数字「日本人の8割が、一生に一度は腰痛を経験する」

「日本人の多くが腰痛に悩んでいる」と書くのではなく、「8割」という数字を入れているのがポイントです（根拠がしっかりあることが前提です）。「とても寒い」と書かずに「温度計がマイナス5度を指している」と書いてみてください。

数字を入れると言葉は強くなります。

5、情景「オープンキッチンにしたら、食器洗いが夫の担当になった」

起きた事実や、目の前に広がっている情景をそのまま書き出すパターンです。

次に紹介する、川端康成の『雪国』の冒頭のようなイメージです。

「国境の長いトンネルを抜けると雪国であった。夜の底が白くなった。信号所に汽車が止まった。」

6、逆説（ギャップ）「つらいときほど、ため息をつこう」

「え？　なんで？」と読者が思わず聞き返したくなるような冒頭です。

ため息なんてついたらダメなんじゃないの？　幸せが逃げるとかいうじゃん、と思ったところで、「ため息には、リラックス作用がある。ふーっと長く息を吐くことで、バランスが崩れた自律神経の働きを回復させようとする」といったように、その理由が続くと、「なるほど」と納得感が上がります。

ワーク

「私は」「今日は」「弊社は」などありきたりの書き出しで書いていた文章を、6つの書き出しパターンのどれかに当てはめて書き換えてみましょう。

ピンとくるたとえを作る

話がわかりやすい人は、たとえ話がうまいものです。

以前、仕事でご一緒した人が、すべてのことを野球にたとえる人で、野球に詳しくない私は、なんのことを言っているのかよくわからなくて苦労しました。

「今回の提案は、ヒットを狙うな、とにかく塁に出ろ」とか「置きに行くようなコピー書くなよ〜」とか言われても、ピンとこないのです。

戦国武将にたとえたり、好きなアニメのストーリーにたとえたりするのは、それにピンとくる相手ならいいですが、わからない人は、ぽかーんとしてしまいます。

相手がピンとくるたとえ話を作るためには、次の3ステップで考えてみましょう。

1、相手の関心ごとを知る

まずは、観察（第1部の第1章でお伝えした方法）で、相手の関心や興味を理解します。

その上で、共感できるテーマや事例を見つけましょう。

2、具体的で身近な例を使用する

たとえ話は、抽象的なことを具体的なイメージに変換するための手段です。身近な体験や具体的な例を使うことで、相手がより理解しやすくなります。

3、相手の知識や経験に合わせて濃度を調整する

それについてよく知っている人なら濃いめの話を、あまり知らない人なら薄めの話といったように、濃度調整していきましょう。

◎相手に合わせた「たとえ話」の例

例として、「仕事で成功するには、柔軟性が大切だ」ということを、2つのシーンに合うたとえ話にしてみます。

A：20代前半の新入社員研修（営業職で、多くの人が学生時代にスポーツ経験あり）

仕事はサッカーの試合みたいなものです。

最初は戦術を練り、チーム全体で戦い方を考える。でも実際の試合では、相手の動きに合わせて瞬時に判断し、柔軟にプレーを変えなければならない。

同じように、営業も準備は大切だけど、現場では柔軟に対応することが成功のカギです。そのための対応力を今日の研修でつけていきましょう。

B：30代前半の女性が多めの接客業の方向けの勉強会

仕事はファッションショーみたいなもの。

新しいトレンドが出てきたら、それに対応してスタイルを変える必要があるし、お客様やファンの好みや要望に応えるために柔軟にアプローチすることが大事です。

常に時代の流れをチェックして、お客様の憧れの存在になっていきましょう。

伝えたいことは「仕事で成功するには、柔軟性が大切だ」という同じことでも、相手の興味・関心やイメージしやすい言葉を選ぶことで、たとえ話の内容が変わります。

ワーク

相手がイメージしやすく、テンションが上がるたとえを選びましょう。

自分の今の仕事を、小学生に説明するとしたら、どんなたとえで伝えますか。スポーツや、学校行事、何かの食べ物、家族、ゲーム、アニメなど自由にたとえてみましょう。

一段深い感情を伝える

がんばったのに、仕事でミスをしてしまったときの感情は、悲しみでしょうか。自分に対する嫌悪感でしょうか。誰かに対する怒りでしょうか。もっとがんばれたかもしれないという苛立ちでしょうか。

自分でも自分の感情にどんな名前がつけられるかわからない、と感じることは多いものです。

相手に、自分の感情を伝えるときは、感情には種類があることを知った上で、「**今、自分が相手に伝えたいのはどの感情か？**」と一度冷静になって考えてみるのがおすすめです。

このときに参考になるのが、アメリカの心理学者、ロバート・プルチックが提唱した「プルチックの感情の輪」です。

色が、赤・青・黄の三原色から様々な色を作り出すことができるように、感情も基本となる8つの感情から、感情同士が混じり合うことで様々な感情が誕生すると考えました。

「喜び、信頼、恐れ、驚き、悲しみ、嫌悪、怒り、期待」の8つを、基本感情と呼びます。感情にはグラデーションがあり、図の中心に行くほど強い感情になっています。

面白いのは、この基本感情の組み合わせで、二次感情（人間特有の感情）が起こると定義していることです。

◎感情の奥を見つめられると、伝え方も変わる

相手に大事な予定をドタキャンされて悲しかったのなら、

「なんで約束破るのよ！」と怒りをぶつけるのではなく、「楽しみにしていたか

プルチックの感情の輪

＊『感情は、すぐに脳をジャックする』（佐渡島庸平・石川善樹著、Gakken）を基に作成

ら、悲しかった」と伝えてみる。

後輩のお客様に対する態度が不躾で、何度言っても改善されなくてイライラするなら、「なんで何回言ってもできないの！」と苛立ちをぶつけるのではなく、「私の注意の仕方では伝わっていないのかなと心配になるんだけど」と伝えてみる。

どの感情を伝えるかによって、相手の反応も変わってくるはずです。

自分の中に強い感情が湧き上がってきたときは、「この感情の背景に別の感情があるとしたらなんだろう」と考えてみましょう。

恐れだと思っていたものの奥には、悲しみがあるかもしれないし、怒りだと感じたものの奥には、期待があったかもしれません。

自分で自分の感情の奥を見つめられるようになると、相手に感情をぶつけることなく、「今何を伝えればいいか」を冷静に判断できるようになります。

自分の感情の奥を知るためには、「ここに、もし、人には言えないような感情が隠れていたとしたらどんな感情？」「自分でも気づいていない感情が別にあるとしたらなんだろう」と問いかけてみることです。

怒りや悲しみや喜びが湧き上がってきた瞬間には無理だったとしても、1日の終わりに振り返る習慣をつけていると、だんだんと、感情が湧いてきたそのときにも冷静になれるようになってきます。

そのためにも、第1部の第1章で紹介した「思いをたどる日記」を習慣にしていきましょう。

ワーク

最近あった、感情が動いたできごとを思い出してみましょう。その感情の奥に別の感情があるとしたら、どんな感情だったか、書き出してみてください。

終章

言葉にする先にある宝物

うまくいく人は、小さなことに気づく人

言葉にできる力がつくと、単に「仕事がうまくいく」「人間関係がよくなる」を超えた、変化が起きはじめます。

どんな言葉を日常で使うのか、どんな言葉で考えるのかが、自分の人生をつくっていくからです。

終章では、ここまで学んできた「言葉にする習慣」を身につけることで、毎日にどんな変化が起きるかを見ていきます。

「言葉」には、今日を変え、未来をつくる力があります。

何気なく使っている言葉を自分で定義し、自分を主語にして考える習慣を身につければ、人生も自分でつくっていけるのです。

なりたい自分になれる

お金と仕事が生み出せる

自分にも人にも優しくなれる

自分に自信が持てる

仕事でもプライベートでも、人間関係でもうまくいく人は、小さなことに気づける人です。

小さな変化に気づくことで、そこから自分の言葉で考えて、テストして、改善して、また観察して、アイデアを出して、を繰り返していくことができます。

なかなかうまくいかずに、ずっと立ち止まっている人は、「小さなこと」に気づけません。

側から見たら、大きなヒントになるようなことも、そもそも見えていなかったり、気づいたとしても「こんなこと、たいしたことないんで」「こんなことがしたいわけじゃないんで」とスルーしてしまいます。

◎「いい言葉が降ってきませんでした」

研修やセミナーをしていると、受講した方から「いい言葉が降ってきませんでした」と言われることがあります。

私は、コピーライターを24年やっていますが、何もせずに、いい言葉が突然どこかから降ってくることはありません。

小さなことに気づき、それを言葉にしていくことで、「あれもあるな」「こっちもいいな」「それならこうも考えられるな」とアイデアを膨らませていく。

それしかないのです。

コピーが書けない人は、「書けない」「どうせ、私にはできない」「わからない」と思い込んでいて、ワーク中に、どんなにいいヒントがあっても、残念ながらスルーしてしまいます。

その人が口にした一言に「それ、そのままコピーになりますよ」と私が言っても、「そういうことじゃないんですよね」「そういうことがしたいんじゃないんです」と勝手に自分のフィルターで「無し」にしてしまうのです。

日常に溢れている小さなことに、どれだけ気づけるか。

これは、仕事においてだけでなく、人間関係でも、自分の生き方でも、すべてにおいてのスタートになります。

観察する習慣がつくと、言葉にできる力がつくのと同時に、どんなことでも「自分に関係ないこと」などない、とわかってきます。

「興味ない」「仕事の役に立たない」と無視するのではなく、「もし、関係あるとしたらどういうところか」という視点でものごとを見られるようになります。

世の中のすべてのことが、学びになるのです。

アンテナを張って、センサーを磨き、気づきを言葉にして、行動していく。それが、今日を変える唯一の方法です。

「今の自分」でうまくいくサイクル

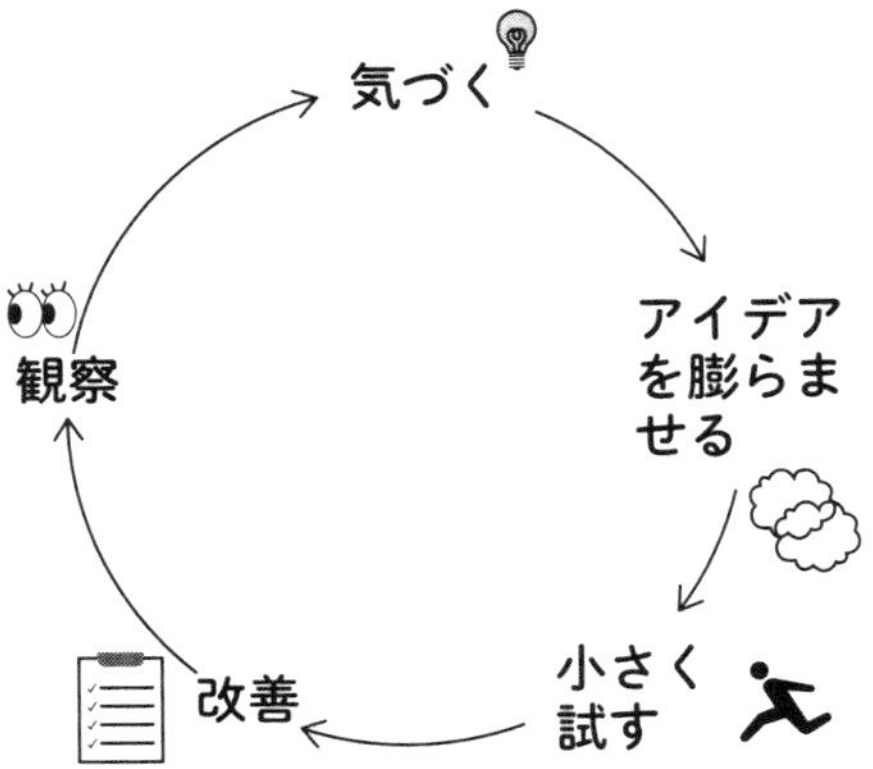

なんとなくずっと不安なのは、言葉にしていないから

言葉にする力がつくと、悩みや不安とも、うまく付き合えるようになります。

「何かはわからないけど、なんとなく不安」
「私、このままでいいのかな」「この先どうなるんだろう」
そんな声をよく聞きます。

「なんとなく不安」なのは「不安」という大きな、中身の見えない袋をずっと抱えている状態です。

そこに何が入っているかわからないから、怖いのです。
「何が不安なのか？」と考えても、「なんとなく」しか出てこないなら、「最近、どんなときに、一番不安を感じたか？」と問いを変えてみてください。

・仕事をしているときに、今の仕事が本当に自分に合っているのかわからないと感じた。
・上司や同僚とコミュニケーションがうまくとれないと思うときがある。
・月末になると、生活費、家賃など、経済的なプレッシャーを感じて、このままで大丈夫だろうかと焦る。

問いを変えたことで、言葉がいろいろと出てくるようになります。

ここまで出してみると、自分の「不安」が、「なんとなく」「漠然とした」ではなく、具体的なものになります。

具体的に考えていくと、「なんとなく不安」ではなく、今から何をどうすればいいかわかります。

◎漠然とした悩みは区切って考える

もっと漠然とした不安の場合は、どうでしょう。

たとえば「こんなことをして、誰かに何か言われたらどうしよう」というような、「誰か」「何か」など、ぼんやりとした言葉が出てきた場合は、文を分解してみることがおすすめです。

やり方は簡単。**「文節」で区切るのです。**

文節とは、文を不自然にならない程度に区切った最小の単位のことです。

こんなことをして／誰かに／何か／言われたら／どうしよう

文節に区切った上で、「こんなこと」とは何をすることか、「誰か」に当てはまる人は誰と誰と誰が考えられるか、「何か」にはどんなパターンがあるか、など、それぞれ考えられるすべてを書き出してみます。

すると、「何か言われたらどうしよう」ではなく、「この人に、こう言われたら、こうしよう」という対策が立てられます。

「何か」「誰か」というような漠然とした言葉にしているから、不安なのです。

「漠然とした不安」は、いるかどうかわからないオバケを怖がっている状態。言葉にしていけば、オバケではなく、現実に起きることへの対策になります。

人生の主語を自分にする

「あの人に〜された」「クライアントがわかってくれない」「上司が嫌味なことばかり言ってくる」「お客様が買ってくれない」

こうした「された」「〜してくれない」という悩みは、受け身の発想です。
相手が主語になっていて、自分は何かをされる側に立っています。

受動態でものごとを考えていると、いつの間にか「受け身」でいることに慣れてしまいます。

でも、「私はこう思う」「私はこうしたい」、そうやって、自分を主語にして語らないと、あなたの思いは伝わりません。

受け身な存在でいることに慣れてしまうと、知らず知らずのうちに、「自分は誰かや何かに従って生きている、他者にコントロールされる側だ」と諦めてしまい、**自分の人生を自分の意思で変えていける力が弱まってしまいます。**

もちろん、人生には、自分でコントロールなどできないことがたくさんあります。

でも、受動の部分をゼロにはできなくても、減らして、能動の部分を増やすことはできるのです。

◎「相手が」ではなく「自分は」に変える

自分を主語にして思いや意見を語ることで、自然と能動的になっていきます。

「誰かに傷つけられた」「あの人ならわかってくれると思ったのにそうではなかった」「期待したのに裏切られた」、そんな気持ちになったときこそ、主語を自分に変えてみてください。

自分は「(今まで)何をしてきた?」「(今)何をしている?」「(これから)何をしたい?」

相手がどうではなく、「自分は」に変えて考えてみるのです。

自分を主語にして語るのはときとして怖いものです。

誰かに何かを言われるかもしれないし、意見を否定される可能性もあります。

「誰かに～された」「あの人が～してくれない」と自分を被害者ポジションに置いている方が、自分から動かなくてよくて、外野から不満だけ言っていられるので楽です。

だけど、自分を主語にして生きると、誰かの話をしているだけでは出会えない、心の奥から共鳴し合える仲間と出会えます。

「お客様がこう言うから」「今こういうことが流行っているから」などの受け身発想では作れない、自分の人生のすべてを賭けてもいい、と思えるような心が震えるような仕事すらも自分で作り出せるのです。

自分にも人にも優しく生きられる

思いが伝わるのは、「相手が大事なものを大事にしている」ときです。

言いたいことがうまく伝わらない、よかれと思って伝えたのに受け取ってもらえない、などのコミュニケーションのエラーは、「相手が大切にしているもの」を見ずに、「自分が大切にしているもの」を押し付けている状態です。

相手が今どういう状況かを想像し、相手が大切にしているものを大切にすることができれば、「わかってもらえない」は減っていきます。

これは、ビジネスでも、普段の人間関係でも同じです。

たとえば、自分が何かを学んだとして、それがとてもいいものだったからと、「これ、絶対あなたにも役立つよ、私がやってあげるよ」と言ったところで、相手がそれを求めていなければ、押し付けになってしまいます。

言葉の「まとめ方」「伝え方」を考えることは、テクニックではなく、相手が大切にしているものを大切にする行為そのものです。

これは、「相手」だけでなく、「自分自身」にも言えることです。

自分が、何を大切にし、何を守りながら生きてきたかが言葉にできれば、自分という人間のことが、だんだんわかるようになってきます。

そんな自分のことを、いいとか悪いとかジャッジしたり、責めたりせず「こんな自分もいるんだなー」と眺められるようになるのです。

自分の感情を、今まで生きてきた時間を、振り返り言葉にしていくこと、それを俯瞰して眺めてみることで、深い癒しが起きます。

ああ、だからこうなのか、だから自分はこう思うのか、大変な中で、よくやってきたな私、お疲れ様、よくやってるよ、と自分を抱きしめることができるようになっていくのです。

そして、自分のことが鮮明に捉えられるようになれば、自分以外の誰かのことも、その人にはその人の大切にしている世界がある、とわかるようになっていきます。

◎自分も相手も理解できるようになる

「うまく伝わらない」「わかってもらえないなぁ」と感じたら、表面的なテクニックに頼るのではなく、相手が、何を大切にし、何を恐れ、何を守りたいのかを考えてみてください。

そうして、意見を伝え合い、折り合いをつけることができれば、自分のことも相手のことも大事にできるコミュニケーションができるようになっていくはずです。

これは、「こういうときは、こうすればいい」というノウハウがあるわけではありません。

相手が言葉にできていないものに思いを巡らせ、自分の思いを確認し、それを言葉にして、相手に届くように工夫し伝えることは、めんどくさい回り道のように感じるかもしれません。

でも、近道ではなく、表面上を滑るようなコミュニケーションではない、一度深いところに潜ってから言葉を探していく行為を続けることで、自分のことも、相手のことも、より深く理解できるようになっていくのです。

はじめのうちは「めんどくさい」「もっと簡単にズバッとひとことで言いたい」と思うかもしれません。

でも、**言葉にする習慣を続けていくと、上滑りの会話ではなく、深く潜った後で出てくる心からの言葉を交わし合う喜びを感じられるようになっていきます。**

自分の仕事を再定義できる

「あなたの仕事はなんですか」と聞かれたら、なんと答えますか？

「営業です」「接客です」「企画です」「ただのサラリーマンです」「ただの主婦です」

いろんな表現があります。

でも、業務内容や役割を並べても、役職名で答えても、それが「あなたの仕事のすべて」ではありません。

自分の仕事を、自分の言葉で定義できると、自分で仕事を作っていけるようになります。

「○○社の営業さん」ではなく「○○さん」と名前で仕事ができる人になれるのです。

たとえば、企画をしているのであれば、「企画」とはなんなのか、自分の言葉で語れるようになりましょう。

自分なりの辞書、「自分辞書」を作るのです。
p.263のフォーマットに当てはめてみてください。
たとえば、アパレルブランドで、企画の仕事をしているとします。
真ん中に書くのは「アパレルブランドの企画」です。
次の8点について、表のようにそれぞれ考えてみましょう。

①そもそもの定義
②なぜその仕事が大事なのか
③その仕事によって達成される幸せなシーン
④ビフォーアフターのセリフ
⑤別の言葉で言い換え
⑥パターン分け
⑦動詞にする（実際にやることを書き出す）
⑧私にとって◯◯とは（自分の定義）

⑦のように、「動詞」で「何をやるか」を書き出していくと、「企画」というぼんやりとしていたものに形が見えてきます。

これは、自分のキャリアの棚卸しにも使えます。

たとえば、「現職：メーカー営業、前職：ショップスタッフ、学生時代：塾の講師」の場合、これだけを聞くとやってきたことがバラバラです。

でも、「何をやってきたか」を表す動詞を書き出していくと、そこに共通点が見え、さらに自分が何を大事にしてきたかも見えてきます。

動詞にする（具体化）→似ているものをつないでグルーピング（抽象化）、その中から大事なことに絞ると、自分の強みも見えてくるのです。

①～⑦までを具体的に書き出したら、それを眺めて⑧を書き出します。

表の中に書き出した言葉の中から、自分が大事にしていることを抜き出し、「○○とは～だ」という1行にしてみましょう。

「自分辞書」のフォーマット

辞書などで調べて、社内・業界での定義を書き出す

社会・会社・お客様にとってどんなところが大事か書き出す

幸せな未来を具体的に考える

その仕事によって会社やお客様に生まれる変化をセリフで考える

類語を書き出し、意味が近い言葉・そうでない言葉に分ける

①そもそもの定義 新しい事業・イベントなどを計画すること	**②なぜその仕事が大事なのか** ・新商品を売り出すため ・新規ファンを増やすため ・濃いファンになってもらうため	**③その仕事によって達成される幸せなシーン** ・認知度アップ ・イベントをするたび人が集まる ・話題になり口コミが起こる
④ビフォーアフターのセリフ 「○○って何のブランド？よく知らない」 ↓ 「○○ブランドっていいよね」	**自分の仕事、役割、職業名** アパレルブランドの企画	**⑤別の言葉で言い換え** 企図、プラン、立案、計画、構想、ビジョン、企む、案、アイデア
⑥パターン分け ヒット企画のパターン 1、時流に合わせる 2、個人のこだわり 3、ニーズの深掘り	**⑦動詞にする** ・アイデアを出す ・企画書にまとめる ・プレゼンをする ・イベントを仕切る ・人を巻き込む	**⑧私にとって○○とは** 企画とは、人を巻き込んで話題を作ること

仕事に関することをパターン分けする

実際に何をしているのか、見えにくいものも含めて書き出す

最後に、自分なりの定義を書く

例：「企画とは、人を巻き込んで話題を作ること」

正解はありません。自分が大事だと思うことを書けばOKです。

「○○とは、～である」と自分の仕事を自分の言葉で語れると、**相手にとっての説得力になるだけでなく、自分はここに向かって進めばいいんだという指針になり、迷ったときに立ち返る軸にもなります。**

そうすることで、自分の仕事に対する意義や誇りも生まれます。

自分のことを、「ただの事務職です」「しがないサラリーマンです」「私なんてただの専業主婦です」と言っていた人も、自分の仕事に自分なりの定義をつけてみてください。

どんな仕事にも「ただの」なんて定義はないことがわかります。

言葉にできれば、自分で仕事を作り出せる

先ほど、自分の仕事を再定義する方法を紹介しました。

言葉にする力がつけば、ゼロから仕事を作り出すこともできます。

経験も知識も思いも、言葉にしないと伝わりません。

言葉にできれば、それが誰かの価値になり、価値になればそこにお金を払ってくれる人ができるのです。

私が、自分の思いを言葉にできるようになってよかったな、と一番思うことは、ゼロから仕事を作り出せるようになったことです。

会社を辞めて何もなくなったときに、ＳＮＳやブログで発信をし、オリジナルの講座や企業研修のプログラムを作って、仕事を生み出してきました。

◎ 言語化で、働き方は変えられる

「自分の経験や知識を誰かの役に立てたい」

「会社や組織に依存せず、自分の力で稼げるようになりたい」

そう思ったら、まずやることは、**言語化**です。

自分が当たり前にやっていることを、いちいち言葉にすることです。

自分が当たり前にやっていることを言葉にし、それが苦手な人やまったくやったこともない人にもできるようにステップ化すれば、コンテンツ（商品やサービス）が作れます。

特別な知識や才能や人とは違う経験がなくても、「自分では当たり前」にやっていることがコンテンツになるのです。

たとえば、ノートの取り方、独学で成果を出す方法、部屋の片付け、朝の習慣、セールストーク、初対面の人との雑談などなど、自分が人より比較的得意で、当たり前にできていることが有料のコンテンツになります。

「もっとすごい人がいる」は関係ありません。

とくに、会社の中や同業者の集まりの中にいると、周りは自分よりすごい人だらけかもしれません。でも一歩外に出れば、そのコミュニティの中ではみんなが当たり前にできていることが、「貴重」なことになるのです。

たとえば私は、広告の会社にいたときは、まわりがアイデアに溢れ、口からパンチワードを連発するような人ばかりだったので、自分のアイデアや言語化力なんてしょぼい、とずっと思っていました。

でも、一歩外に出て、会社以外の場で話をすると、「言葉にする力がすごい」と言われたのです。

会社ではエクセルやパワーポイントを使えるのは誰でも当たり前、と思うかもしれません。

一歩外に出れば、エクセルの使い方を教えてくれる人にお金を払いたい、という人がいるのです。

大切なのは、自分が当たり前にしていることを、すべて言葉にすること。

そして、自分以外の人もできるように「再現性」を持たせることです。

当たり前にやっていることをすべて言葉にする→自分以外の人にも成果が出るようステップ化する→小さく試しながら改善していく、この流れです。

起業したり副業したりするだけではなく、企業の中で働くにしても、「自分で仕事が作れる」「企画を立てられる」力は、どんな職業の人にとっても強みになります。

また、会社以外の仕事を自分で生み出せる力をつけておくことは、大きなアドバンテージになるでしょう。

言われたからやる、やらないといけないからやる、という受け身ではなく、自分で考え、自分で言葉にして、企画して、お金を生み出していく仕事ができれば、働き方も変わっていきます。

自分は何がしたいのか。どんな人と働きたいのか。
自分は仕事を通してどんな世界を作りたいのか。
どんな働き方をしたいのか。それはなぜか。

一つひとつ言葉にして宣言していけば、それをいいと思う人たちとつながれるようになっていきます。

今の働き方を変えたいと思ったら、まずは、言葉にすることです。

どんな自分でいるかは、自分の言葉で決めていい

「言葉にできる力」がつくと、自分の生き方も、自分で導くことができるようになります。

人は多くの場合、自分が何者であるかを「何を持っているか」「何ができるか（してきたか）」で答えます。

・○○会社の営業です
・課長をしております
・甲子園（すごそうな大会）に出場しました
・（地名）出身／在住です
・～大学出身です
・子どもが何人います

でも、こうした「HAVE（何を持っているか）」は、価値基準を自分の外に求めるものです。

この考えだと、人との比較で自分を考えることになり、ずっとしんどいままです。

そうではなく、自分のことを「BE（ありたい姿）」で定義してみてください。内容はなんでもOK。自分の内側に基準を持つのです。

私は、自分のことを「表現者」と定義しています。

講師をしていますが、教える人、伝える人、ではなく「表現する人」として生きています。子どもの頃から、人と違うことがしたい、何かを表現したい、自分の思いを形にしたいと思って生きてきました。

仕事も、日々の生活も、子育ても、人との関係性も、すべてが自己表現（誰かと共に作る表現も含め）だと思うからです。

誰がなんと言おうとも、誰かの許可などなくても、「自分としてどう生きるか」は

自分で言葉にしていいのです。

・私は、挑戦者です。
・私は、愛を伝える人です。
・私は、探究を続ける人です。
・私は、ただいるだけで幸せな人です。

「何かを持っている自分」ではなく、「何者でもない自分」のままでBEを伝えてみてください。そこに、優劣も上下もありません。

◎「自分」とは何かも、言葉で決められる

「本当の自分を見つけたい」「自分探しをしたい」という話をよく聞きます。

でも、本当の私は探すものでも、学んで見つけるものでも、誰かに決めてもらうものでもなく、今この瞬間から「自分で作る」ものです。

そもそも、自分とは何でしょう。

人から見た自分も、自分ではイヤだと思う部分も、まぁまぁ気に入っている部分も全部が「自分」です。

自分の中にある、たくさんの「自分」のどれに注目するかも、自分で選べます。


人はどうしても、欠けている部分、足りない部分に目が行きがちです。

だから、自分で自分のことを「私は、いつもうまくいかない」「私は、イライラしがち」「私は決断力がない」などと定義してしまうのです。

でも、それ、自分の言葉で自分を縛っているだけ、かもしれないのです。

「私は決断力がない」と思って（自分に言い聞かせて）いるから、そのように行動してしまうのかもしれません。


自分は何者か。私とはどういう存在か。

それは、自分の言葉で作ることができます。

たとえ、過去にどんなにつらいことがあったとしても、たとえ、現状が、自分ではままならないことだらけで、希望が見えなかったとしても、です。

言葉は、現実がどうであれ、発する人の自由なのです。


あなたは何者ですか。


「何もない人」として生きるか「私は〜です」と自由に定義して生きるか。

自分がどう生きるかを言葉にするとき、誰の許可も評価もいりません。

あなたが、あなたを表す言葉が、これからのあなたを励ましてくれる、導いてくれる、それが言葉の力です。

言葉は青い鳥ではない。馴染んでいくデニムである

自分の思いを言葉にして、相手に伝えるにはどうすればいいかをずっとお話ししてきました。

私はコピーライターという仕事を24年、講座で受講生さんたちとコンセプトやキャッチコピーを作る仕事を15年やっています。

その中で気づいたのは、「しっくりくる言葉が、突然降ってくることはない」ということです。

そして、「これがまさに自分の言いたいことだ」とズバッとハマることも、あまりありません。

どちらかというと、**言葉は使っていく中で、馴染んでいくものです。**

私は、自分自身のキャッチコピーとして「言葉で仕事をつくる」というフレーズをつくり、自己紹介に使ったり、講座のタイトルにしたりしてきました。

このフレーズも、作った当初は、「なんだか、壮大なことを言いすぎているのではないか」「これで本当に伝わるのか」と迷いがありました。

でも、プロフィールに書き、会社のウェブサイトのトップ画像に入れ、音声配信で毎日のように繰り返し口にすることで、だんだんと馴染んでいきました。

この言葉を使い続けていく中で「言葉で仕事をつくる、ということに興味を持ちました」「私も言葉で仕事をつくってみたいです」と講座に申し込んでくれたり、研修を依頼していただいたりしています。

どこかに「私の思いを全部まとめて、わかりやすく伝えられる金の言葉」があるのではありません。

あれこれ模索して見つけた言葉のかけらを集めて、一旦形にして、それを使い続けることで馴染ませていくものです。

今日、この瞬間から、まず、口にしてみる。書き出してみる。

「これじゃないかもしれない」「なんかしっくりこない」と思うなら、あきらめずに問い続けることも大事ですが、でもどこかのタイミングで「仮」でいいから決めることも必要です。

仮でもいいから出してみる。それで違うならば修正していく。

完璧ではないからと、**ずっと「下書き保存」しただけの言葉が積み重なっていくのは勿体無いのです。**

誰かに見せて、誰かの意見に揉まれて、また自分で考えて、ブラッシュアップしていけばいいのです。

◎モゴモゴすることの意味

その場でパッと言いたいことが言えるのは、素晴らしいことだと思います。

一方で、「うまく言えないんですけど」「まだうまく言葉になっていないんですけど」という前置きからはじまる会話にも同じぐらい価値があると私は思います。まだ自分の中でも言葉になっていない感情や思いやアイデアのかけらを、掘り下げて、あれやこれやと言葉を見つけていく過程には、はじめに思いついた段階にはなかった深みがあるからです。

人は、自分の思いをうまく言葉にできない。

だからこそ、**相手の、言葉にならない思いを汲み取り、言葉にできる人が、仕事でもプライベートでも信頼される人になれるのです。**

ショート動画が流行り、映画もドラマも倍速で見て、ニュースの見出しだけでわかった気になってしまう、短縮されたコミュニケーションが増えているからこそ、相手に対しても、自分に対しても、「まだ言葉にできていない思い」に目を向けることが必要だと思うのです。

この本でずっとお伝えしてきたのは、一旦立ち止まって、言葉にならない思いに目を向けて、深く潜って言葉を探すコミュニケーションのあり方です。

それは、一見遠回りのように見えるかもしれません。

でも、表面的な伝え方のノウハウに自分を当てはめるだけでは得られない、自分自身や他者との関係性に変化を起こす思考であり行動です。


「なんて言ったらいいいんだろう」

「この思いはどう伝えたらいいんだろう」

と考える時間が、自分と向き合い、自分を強くしていく時間です。


言葉にする習慣は、自分と相手の、言葉にならない思いに目を向けること。

言葉にする習慣が身につくと、単に言語化力が上がるだけでなく、心の奥深くで人とつながる関係性が作れるようになっていきます。

おわりに

言葉にできることがいかに素晴らしいかを書きながら、一方で、言葉にできない大切なこともあると感じています。

もちろん、「無理にでも言葉としてまとめないといけない」という場面も多いと思います。

でも、圧倒的な感動を覚えたときは、言葉にしてしまうと、何かがこぼれ落ちる。誰かの魅力を伝えたくても、言葉にしてしまうと、それはほんの一部になってしまう。言葉にするから伝わる、言葉にするから理解できる、という側面がある一方で、言葉なんてなくてもただ一緒にいるだけでいい、ということもあります。

言葉が万能ではない、言語化というのはたくさんある表現方法の1つにすぎない、ということも、言語化する上で押さえておかなければいけません。

私は2年ほど前から、Instagramに、言葉や文章だけではなく、自分で描いた下手なイラストや、図解を載せるようになりました。

文字ばかりではなく、絵や図がある方がわかりやすいと思ったからです。

そうして、ほぼ毎日、伝えたいことを、絵や図にしていくうちに、いつのまにか、ビジネスの相談を受けたときには、解決方法が図で浮かんだり、セミナーや読書で学んだことを、文章ではなく絵や図でメモするようになったり、誰かの話を聞きながら、その情景を映像で思い描いたりできるようになってきた気がしています。

まさに、この本でずっとお伝えしてきた「習慣」です。

言葉にするのが苦手、言葉がパッと出てこない、という方も、毎日の小さな習慣を重ねていくことで、言葉で考えること、言葉で伝えることが、少しずつでもできるようになっていきます。

だからぜひ、この本に書いた習慣のうち、1つでも、2つでも、続けてみてください。そして気に入ったワークがあったら、何度も繰り返してみてください。

言葉は万能ではないし、言語化がすべてではありません。
けれど、言葉にすることで、今よりも深く自分を知ったり、誰かとわかりあえたり、
また、自分の生き方や未来を言葉で作っていくこともできたりするのです。
それがこの本でお伝えしたかったことです。

この本が、言葉にすることのハードルを下げ、ちょっとやってみようかな、と行動するきっかけになれば幸いです。

2024年6月　さわらぎ寛子

参考文献

『思考・論理・分析「正しく考え、正しく分かること」の理論と実践』波頭亮著　産業能率大学出版部
『ケアしケアされ、生きていく』竹端寛著　筑摩書房
『広告コピーってこう書くんだ！読本』谷山雅計著　宣伝会議
『ネガティブ・ケイパビリティ答えの出ない事態に耐える力』帚木蓬生著　朝日新聞出版
『ファスト＆スロー　あなたの意思はどのように決まるか？（上）（下）』ダニエル・カーネマン著　村井章子訳　早川書房
『おしゃべりな脳の研究—内言・聴声・対話的思考』チャールズ・ファニーハフ著　柳沢圭子訳　みすず書房
『コーチングよりも大切なカウンセリングの技術』小倉広著　日本経済新聞出版
『インテグラル理論を体感する統合的成長のためのマインドフルネス論』ケン・ウィルバー著　門林奨訳　星雲社
『「自分の意見」ってどうつくるの？』平山美希著　ＷＡＶＥ出版

『思いつきって、どうしたら「自分の考え」になるの？　直感を論理的な意見にする授業』深沢真太郎著　日本実業出版社
『ものがわかるということ』養老孟司著　祥伝社
『「みんな違ってみんないい」のか？　相対主義と普遍主義の問題』山口裕之著　筑摩書房
『枕草子　ビギナーズ・クラシックス　日本の古典』角川書店編　ＫＡＤＯＫＡＷＡ
『観察力の鍛え方　一流のクリエイターは世界をどう見ているのか』佐渡島庸平著　ＳＢクリエイティブ
『感情は、すぐに脳をジャックする』佐渡島庸平、石川善樹著　Gakken
『中動態の世界　意志と責任の考古学』國分功一郎著　医学書院
『ビジュアル・シンカーの脳　「絵」で考える人々の世界』テンプル・グランディン著　中尾ゆかり訳　ＮＨＫ出版

ワーク解説動画＆
ワークシートを無料プレゼント

本書に掲載のワークを実践するコツや、大切なポイントなど本書に収録しきれなかった情報を著者が解説する動画とオリジナルのワークシートを無料でプレゼントします。
本書に関連するセミナーや言葉にする習慣・言葉で仕事をつくる情報もお届けします。

以下のURLかQRコードよりご登録ください。

https://www.kotoba-works.com/tokuten2024

著者の最新情報やSNSも公開中！

サイトより著者・さわらぎ寛子の最新情報や各種SNS、LINE公式アカウントなどの登録先も公開しています。

以下のURLかQRコードよりアクセスください。
取材、出演、講演、研修、執筆他お仕事のご依頼も以下よりお問い合わせください。

本書の感想は、SNSでもお待ちしております。

https://www.kotoba-works.com

※これらのサービスは、予告なく終了することがあります

著者
さわらぎ寛子（さわらぎ・ひろこ）

コピーライター
コトバワークス株式会社代表取締役
1978年京都府生まれ。関西大学社会学部卒。
関西大学非常勤講師。現役コピーライターで、企業の広告制作のほか、企業研修も多く手がける。
24年間コピーライターとして食品、美容、ホテル、学校、病院、製薬会社、電鉄など様々な業種の広告制作を手掛ける。書いたコピーは3万件以上。

2010年「2時間でキャッチコピーが作れる」メソッドを独自で開発。現在は、オンラインとリアルな会場で長期講座を開催。自分メディアを使って集客したい、売上を上げたいと願う経営者や起業家から高い評価を得ている。

著書に、『キャッチコピーの教科書』（すばる舎）、『今すぐ自分を売り出す1行を作れ』（大和書房）、『自分らしさを言葉にのせる　売れ続けるネット文章講座』（ぱる出版）、『発信力を強化する「書く」「話す」サイクル』（ぱる出版）がある。

コトバワークス株式会社：https://www.kotoba-works.com

言葉にする習慣
思いがまとまる・伝わる「言語化力」の身につけ方

2024年6月18日 初版発行
2024年10月29日 第20刷発行

著者	さわらぎ 寛子
発行者	石野栄一
発行	明日香出版社
	〒112-0005 東京都文京区水道2-11-5
	電話 03-5395-7650
	https://www.asuka-g.co.jp
デザイン	岩永香穂（MOAI）
イラスト	ぷーたく
組版・図版	野中賢 / 安田浩也（システムタンク）
校正	鷗来堂
印刷・製本	シナノ印刷株式会社

ISBN 978-4-7569-2335-6